옆집 아이
성적의 비밀,
건강에 있다

옆집 아이 성적의 비밀, 건강에 있다

초판 1쇄 인쇄 2018년 04월 02일
초판 1쇄 발행 2018년 04월 12일

지은이 황대연, 정동완, 문주호, 황호연
발행인 이정식
편집인 이창훈
편집장 신수경
편집 정혜리 김혜연
디자인 박수진
마케팅 안영배 신인철
제작 주진만

발행처 ㈜서울문화사 | **등록일** 1988년 12월 16일 | **등록번호** 제2-484호
주소 서울시 용산구 한강대로43길 5 ㈜04376
편집문의 02-799-9326 | **구입문의** 02-791-0762
팩시밀리 02-3278-5555 | **이메일** book@seoulmedia.co.kr
블로그 smgbooks.blog.me | **페이스북** www.facebook.com/smgbooks/

ISBN 978-89-263-6619-6 (03370)

옆집 아이 성적의 비밀, 건강에 있다

황대연, 정동완, 문주호, 황호연 지음

현직 교사와 의사들이 경험으로 밝히는
성적 올리는 건강 관리법

서울문화사

오래된, 어느 학생의 이야기

A는 오늘 아침도 힘겹게 일어나 하루를 걱정으로 시작합니다. 오늘 하루 또 어떻게 공부를 해야 할지 막막하기만 합니다. 늦잠을 잔 탓에 아침도 제대로 못 먹고 허둥지둥 가방을 챙기고 집 밖으로 나섭니다. 찬바람을 맞으며 등교하다 보면 어김없이 맑은 콧물과 재채기가 나오고 시간이 흐를수록 점점 코가 막히기 시작합니다. 수업시간에는 콧물을 멈추려고 계속 코를 훌쩍거리고 있으면 주위 친구들의 시선이 여간 부담되는 게 아닙니다. 선생님 말씀도 귀에 잘 들어오지 않습니다.

A는 그럴 때마다 정말 코를 잘라 버리고 싶은 마

음이 듭니다. 아주 어렸을 때부터 시작된 비염 때문에 A는 매우 힘든 나날을 보내고 있습니다. 좋은 성적을 받기 위해 평소에 열심히 공부를 하지만 노력만큼 결과가 잘 나오지 않았습니다. 그럴수록 엄마에게 짜증만 부렸습니다.

"오늘도 머리가 아파서 공부를 하나도 못했어요."

"콧물이 멈추지 않아서 수업에 집중을 할 수가 없어요."

"너무 피곤해서 수업시간만 되면 계속 졸려요."

"시험 기간이 되면, 배가 아파서 아무것도 할 수가 없어요."

오늘도 병원과 학교에서 여러 학생들과 부모님들의 하소연을 듣습니다. B는 머리가 아파서 공부를 못하겠다, C는 배가 아파서 공부하기가 힘들다, D는 공부를 하려고 하는데 너무 피곤하다며 각자의 문제를 말합니다. 학생마다 서로 다른 많은 문제가 있는 것으로 보이지만, 위 학생들에게는 공통점이 있습니다. 바로 건강하지 않다는 것입니다.

공부를 하고 싶어도 건강 문제 때문에 공부하기가 힘들다는 학생들의 이야기를 들을 때마다 매우 공감이 되고 또한 안타까운 마음이 듭니다. 왜냐하면 앞에 소개되었던 A의 이야기가 바로 저자들이 학창 시절에 겪은 일이기 때문입니다. 약 20년 이상의 시간이 지났음에도 청소년들의 건강 문제는 과거에 비해 전혀 나아지지 않았고, 오히려 과도한 학업이 청소년들의 건강을 더 해치고 있음을 보게 됩니다. 이제 부모님들은 그동안 성적에만 관심을 가질 뿐 자녀들의 건강에 소홀했던 태도를 반성해야 합니다.

그러한 생각 때문에 건강 문제로 학업에 최선을 다하지 못하고 힘들어하는 학생들과 부모님들에게 조그만 도움이 되고자 글을 쓰게 되었고, 이렇게 출간을 맞이하게 되어 매우 기쁩니다.

　　이 책은 먼저 초·중·고등학생들의 학업을 방해하는 흔한 건강상의 문제들을 소개한 후, 부모님과 학생들의 입장에서 질병을 예방하고, 건강을 개선할 수 있는 방법들을 알기 쉽게 정리하였습니다. 그리고 학생들의 건강 증진을 위한 운동법도 함께 제시하였습니다. 이 책을 통해 우리 학생들이 건강한 모습으로 학업에 최선을 다하여 모두 좋은 결과를 얻을 수 있기를 기대해봅니다.

황대연, 정동완, 문주호, 황호연

차례

Part 1

지금 우리 학생들은
건강한가요?

공부를 방해하는
신체적 증상을 고치자

Part 3

학습 태도를 잡아주는
마음 건강 챙기기

공부하는 체력을
키우는 운동법

건강이 성적을 올린다

Part **1**

지금 우리 학생들은
건강한가요?

1. 학생들의
건강이 위험하다?

최근 우리의 가장 큰 관심사 중 하나는 바로 건강입니다. 사람들이 건강에 신경을 쓰면서 건강과 관련된 음식, 운동, 생활습관, 의료기기, 약품 등에 대한 관심이 더욱 커지고 있습니다. 하루 일과가 끝난 저녁에는 운동복 차림으로 공원 주변을 뛰거나 걷는 사람들의 모습을 쉽게 찾아볼 수 있습니다. 그리고 주말마다 많은 사람들이 가까운 교외로 등산을 가거나 가벼운 트레킹을 하는 모습도 자주 볼 수 있습니다. 이처럼 많은 사람들이 건강을 위해 시간을 투자하고 있습니다.

2016년 사회조사보고서에 따르면 13세 이상 인구 중에 건강관리를 위하여 적정 시간 수면하는 사람이 77.2%, 아침식사를 하는 사람이 67.2%, 정기적인 건강검진을 하는 사람이 60.7%, 규칙적인 운동을 하는 사람이 38%로 나타났습니다. 이 결과를 통해 아침식사를 제외하고 적정 수면, 규칙적인 운동, 정기 건강검진을 하는 비율이 2년 전보다 증가하였다는 것을 알 수 있으며, 이는 곧 건강에 대한 관심이 지속적으로 증가하고 있다는 것을 간접적으로 보여주는 예라고 생각됩니다.

이렇게 건강에 대한 관심은 커지고 있지만, 정작 우리 자녀들의 건강에 대해 부모들은 얼마나 많은 관심을 가지고 있을까요? 또한 자녀들은 건강을 위해 자신들의 시간을 얼마나 투자하고 있을까요?

2016년 청소년건강행태 온라인조사에 따르면 주 3일 이상 격렬한 신체활동을 하는 학생은 전체 학생의 1/3 정도로 나타났습니다. 특히 중학교 1학년에서 고등학교 3학년으로 올라갈수록 그 비율은 48%에서 28%까지 감소하는 것으로 나타납니다. 그리고

하루 60분 이상씩 주 5일 이상 신체활동을 하는 학생
들의 분포를 보면 남학생은 18.8%로 나타나며, 여학
생의 신체활동은 7%로 남학생의 절반에도 미치지 못
합니다.

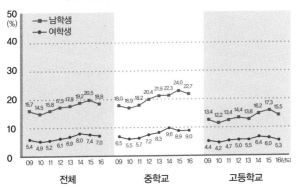

하루 60분 주 5일 이상 신체활동 실천율 추이

그리고 또 다른 조사항목을 보면 학생들이 공부하
기 위해 앉아서 보낸 시간은 2013년 이후로 주중과 주
말 모두 지속적으로 증가하는 추세입니다. 이처럼 건
강을 위한 신체활동 시간은 줄어들고 있으며, 공부를

위해 앉아 있는 시간은 계속 증가하고 있는 것이 우리 학생들의 현재 모습입니다.

또한 초·중·고등학생들의 평일 방과 후 활동을 조사한 아동종합실태조사(2013)에서 응답자의 40% 정도는 방과 후 학원에 가거나 과외를 한다고 하였으며 그 외 숙제, 방과 후 돌봄교실 참여 등을 제외하고, 신체활동 및 운동을 한다고 응답한 사람은 겨우 2%에 불과했습니다. 이렇게 학생들은 학업에 많은 시간을 투자하고 있지만, 건강을 위한 시간 투자는 거의 하지 않고 있습니다.

그리고 초·중·고등학생들 중 주 5일 이상 아침식사를 하지 않는 학생의 비율이 무려 30% 정도에 이르며, 주 3회 이상 패스트푸드를 먹는 학생은 약 17%나 되는데 학년이 올라갈수록 그 비율이 증가하고 있습니다.

성장기의 청소년들이 건강한 신체를 갖기 위해서는 꾸준한 신체활동(운동)과 함께 적절한 영양 섭취를 해야 합니다. 그러나 그와 반대로 가는 현실을 볼 때 머지않아 우리 아이들의 건강 문제가 사회적으로 가장 중요한 문제로 부각될 것입니다. 체육을 소홀히 하는 현재의 학업문화, 자녀의 건강보다 자녀의 성적에 더욱 관심이 있는 부모들, 시험점수 1점에 희비가 엇갈리는 우리 학생들의 모습을 보면 가장 중요한 것을 놓치고 있지는 않은지 걱정이 됩니다.

이 책을 읽는 부모들과 학생들이 우리 삶에서 무엇이 가장 중요하고 우선순위인지 다시 한번 생각해 봤으면 합니다.

2. 건강의 진짜 의미

　'건강'이란 무엇을 말하는 것일까요? 너무 막연하지만 우리가 자주 사용하는 단어 중의 하나입니다. 건강이란 단순히 신체적으로 병이 없는 것을 말하는 것일까요? 아니면 텔레비전에 나오는 연예인들처럼 멋진 복근과 날씬한 몸매를 보고 건강하다고 말하는 것일까요? 또는 운동선수들처럼 탄탄한 근육을 가지고 있어야 건강하다고 말할 수 있는 것일까요? 아니면 다른 친구들처럼 자주 아프지 않고 병원에 가는 일이 적으면 건강하다고 하는 것일까요? 모두 틀린 말은 아닙니다.

하지만 대부분의 사람들에게 '건강'이 무엇인지 물으면 쉽게 말하지 못하거나, 각기 다른 답을 말할 것입니다. 왜냐하면, 우리는 건강이라는 개념을 정확하게 알지 못하고 있기 때문입니다. 그렇다면 과연 건강이란 무엇일까요?

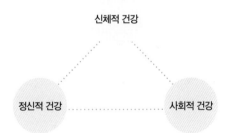

세계보건기구가 제시한 '건강'의 정의

세계보건기구^{WHO}에서 발표한 건강에 대한 정의를 보면, '건강이란, 단순히 질병이 없거나 허약하지 않은 상태뿐만 아니라 신체적, 정신적, 사회적으로 안녕한 상태'라고 설명하고 있습니다. 쉽게 말하면, 우리 몸에 질병이 없고 허약(병약)하지도 않으면서 몸과 마음, 그리고 더 나아가 타인과의 관계가 완전히 좋은 상태라고 말할 수 있습니다. 따라서 우리가 건강하기 위해서는 신체적 요소인 몸뿐 아니라 정신적인 요소인 마음과 사회적인 요소인 다른 사람과의 관계도 좋아야 한다는 것을 알 수 있습니다.

또 다른 정의를 한번 보겠습니다. '건강이란, 신체적 능력과 사회적, 인적 자원을 강조하는 하나의 적극적인 개념으로서 생활의 목표이기보다는 일상생활의 자원이다.'라고 설명하고 있습니다. 쉽게 말해 건강은 우리가 이루고자 하는 하나의 목표가 아니라, 우리가 다양한 삶을 누릴 수 있게 하는 하나의 원동력이라는 것입니다. 따라서 건강은 목표라기보다 행복한 삶을 위한 하나의 수단이라고 생각할 수 있습니다.

건강이 우리의 삶을 풍요롭게 해주는 중요한 수단인 것을 알았다면, 이제 우리는 학생들에게 건강이 즐겁고 행복한 삶을 누리고, 학업을 잘 할 수 있는 힘을 준다는 것을 가르쳐야 합니다. 부모는 자녀에게 "열심히 공부해라."라고 잔소리만 하지 말고, 자녀들이 건강과 학업을 위해 스스로 운동할 수 있는 여건과 시간을 만들어주어야 합니다. 또한 부모들이 모범을 보여 스스로 운동하는 모습을 자녀들에게 보여주길 바랍니다.

3. 건강해야
공부를 잘 한다

"건강해야 공부를 잘 한다고?"

이상한 말처럼 들릴 수도 있습니다. 어떤 학생들과 부모들은 이렇게 말할 수도 있습니다.

"공부할 시간도 없는데 무슨 운동이야? 그 시간에 책 한 장이라도 더 봐야지."

"건강을 위해 운동하고 싶은데 시간이 없어요. 학교 마치고 학원, 과외, 숙제하고 나면 밤 12시예요. 어떻게 운동을 할 수 있겠어요?"

최근 학생들의 건강 상태(체력수준)와 학업과의

관계에 대한 많은 연구가 있었습니다. 과연 건강과 학업은 관련성이 있을까요, 아니면 전혀 상관관계 없는 독립적인 요소들일까요?

먼저 국내 연구들을 보면 체력수준이 높은 학생일수록 학업 성적이 높고, 특히 심폐지구력과 근력 및 근지구력이 학업성취와 상관관계가 있었습니다. 또한 체력수준이 높을수록 부정적인 정서 상태가 낮게 나타났으며, 긍정적인 정서 상태가 높게 나타났습니다. 초등학생을 대상으로 한 또 다른 연구에서는 비만 학생들의 학업성취도가 정상 체중의 학생들보다 낮다고 보고하였습니다.

이번에는 외국의 연구 사례입니다. 2015년 미국 전국교육위원회는 건강하지 못한 학생들이 학업에 곤란을 겪고 있으며 성적 또한 저조하다는 것을 집중적으로 조명한 바가 있습니다. 또 다른 연구에서는 체육활동은 두뇌로 가는 혈액의 흐름을 증가시키고, 상쾌한 기분이 들게 하며, 주의력과 자존감을 높여 학업성과를 향상하고, 신체활동은 신체적 발달뿐만 아니라, 건강한 생활양식, 정의적, 사회적, 인지적 영역

등 모든 영역에서의 발달을 촉진시킨다고 말하고 있습니다. 또한 건강을 해치는 여러 가지 잘못된 습관과 행동이 학업성취에 부정적으로 작용한다고 보고하고 있습니다.

이렇듯 건강과 학업 사이에는 밀접한 관련성이 있습니다. 학생들이 학업을 위해 건강을 등한시하는 태도는 오히려 학업에 방해가 될 수 있습니다. 건강은 학업을 위한 필요조건입니다. 따라서 학생들이 건강을 위해 꾸준히 운동을 하고 적절한 영양 섭취를 할 수 있도록 부모의 도움이 어느 때보다 중요합니다.

이제 우리는 '건강(운동)해야 공부를 잘 한다?'에서 '건강(운동)해야 공부를 잘 한다!'로 생각이 바뀌어야 합니다.

4. 성공의 비밀은
건강에 있다

 뉴스, 라디오, 텔레비전 프로그램 등에서 이른바 성공했다고 하는 명사들의 연설이나 강의를 들으신 적이 있으신가요? 과연 그들이 말하는 성공 비결은 무엇일까요?

 《성공하는 사람들의 7가지 습관The 7 Habits of Highly Effective People》이라는 책이 있습니다. 이 책에서 소개하는 7가지 습관 중 마지막 습관인 '끊임없이 쇄신하라'를 보면, 장기적으로 성공하기 위해서는 기도나 명상, 운동과 봉사활동, 고무적인 독서를 통해 몸과 마음,

영혼을 건강하게 유지하고 쇄신해야 한다고 말하고 있습니다. 즉, 성공하기 위해서는 몸과 마음과 영혼의 건강이 필요하다는 것입니다.

미국 경제전문지 〈포브스Forbes〉에서 성공한 사람들의 공통점을 조사하였는데 성공한 최고경영자, 정치인, 유명인들 가운데에는 '아침형 인간'이 유난히 많다고 합니다.

과연 이들은 아침 일찍 일어나서 무엇을 하는 걸까요? 그들은 건강을 위해 아침 운동을 한다고 합니다. 아침 운동이 성취감을 주고 잠들었던 몸을 깨워 활기차게 하루를 보낼 수 있도록 한다는 것입니다. 그래서 〈포브스〉는 성공하고 싶다면 잠에서 깨어 가장 먼저 15분 정도 간단하게 운동을 하라고 권하고 있습니다.

또 하나, 성공한 사람들의 중요한 습관은 아침식사를 꼭 챙기는 것입니다. 그러나 많은 학생들이 아침을 거르고 있습니다. 심지어 주 5일 동안 아침식사를 전혀 하지 않는 학생이 30%나 된다고 합니다. 이는 청소년들의 건강을 해치는 심각한 일입니다. 식사를 제때 하지 못하면 학업에 방해가 될 수 있습니다. 왜 나하면 우리 두뇌는 포도당이라는 영양소를 필요로 하는데, 아침을 먹지 않으면 포도당 공급이 줄어 활발한 두뇌활동을 하지 못하게 되기 때문입니다.

지금까지 성공한 사람들의 성공 비결을 간단하게 알아봤습니다. 운동을 꾸준히 하고 아침식사를 거르지 않는 습관은 바로 건강을 위한 것입니다. 우리 학생들도 학업에서 성공하기 위해 꾸준한 운동과 아침식사를 할 수 있도록 노력합시다.

5. 지금 우리 학생들의
   건강은?

     소아청소년들이 병원을 자주 찾게 되는 질환에는 급성 기관지염, 알레르기 비염, 급성 부비동염, 시력 장애, 감기, 피부염 등이 있습니다. 나이에 따라 순위는 다르지만 대부분 비슷한 이유로 병원을 찾습니다. 이러한 질환들은 우리 주위에서 흔히 볼 수 있고 간단한 치료를 통해 완치되는 질환들입니다. 하지만 이런 질환들을 대수롭지 않게 여기고 치료를 하지 않으면, 만성이 되어 삶의 질을 떨어트리며, 우리 학생들의 학업에 큰 방해를 주기도 합니다.

청소년건강행태 온라인조사(2016)에 따르면 2016년 흡연하는 남학생은 10명 중 1명(9.6%)으로 조사 이래 가장 낮은 수준이며, 여학생도 2006년의 1/3 수준입니다. 또한 음주율도 감소하였으나, 여전히 남학생 6명 중 1명(17.2%), 여학생 8명 중 1명(12.5%)이 한 달 내 음주 경험이 있는 것으로 나타났습니다.

현재 흡연율
최근 30일 동안 1일 이상 흡연

현재 음주율
최근 30일 동안 1잔 이상 음주

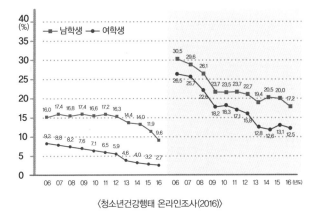

〈청소년건강행태 온라인조사(2016)〉

신체활동 실천율(하루 60분, 주 5일 이상)은 증가하는 경향이나(2009년 10.9% → 2016년 13.1%), 여전히 매우 낮은 수준이며, 신체활동 실천이 어려운 이유는 시간이 없어서(38.6%), 땀 흘리는 게 싫어서(14.8%), 같이 할 수 있는 사람이 없어서(9.7%) 순이었습니다 (17쪽 그래프). 햄버거, 피자, 치킨과 같은 패스트푸드나 탄산음료를 주 3회 이상 섭취한 학생은 각 16.7%, 27.1%로, 지난 10년간 꾸준하게 증가하였습니다.

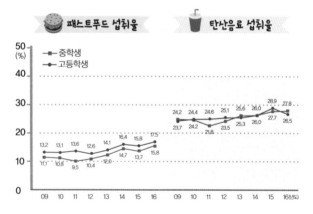

주 3회 이상 패스트푸드 섭취율 추이

이처럼 현재 우리 학생들의 건강 상태는 결코 좋

다고 말할 수 없습니다. 건강이 좋지 않으면 학업에서 좋은 결과를 얻을 수 없습니다. 건강과 학업 두 마리 토끼를 잡기 위해서 먼저 건강에 대하여 관심을 가져야 합니다.

이 책의 2, 3장에서는 우리 학생들에게 자주 나타나는 신체적 질병과 정신적(심리적) 문제들을 소개하고 그에 따른 예방법과 치료법 등을 소개하였습니다. 4장에서는 건강을 위해 자녀들이 실제로 쉽게 할 수 있는 운동법을 제시하였으며, 소아청소년들을 위한 영양 식단도 소개하였습니다.

이 책의 내용을 통해 학생들의 몸과 마음이 건강해지고, 이로인해 학업에도 좋은 결과가 있기를 바랍니다.

Part 2

공부를 방해하는
신체적 증상을 고치자

❤ 배가 자주 아파요!

고등학교 2학년인 A는 시험 기간만 되면 공부에 집중하기가 더 힘듭니다. 평소에도 소화가 잘 안 되고 식사 후에는 배가 살살 아픈 증상이 자주 있었는데, 특히 시험 기간에는 스트레스 때문에 그 증상이 심해져서 계속 화장실을 들락날락합니다. 대개 화장실에서 설사를 하고 나면 배 아픈 것이 사라졌다가, 공부를 하려고 다시 자리에 앉으면 배가 또 살살 아파오는 증상이 반복됩니다. 게다가 아랫배에 가스가 차는지 속이 불편하고 방귀도 자주 나와 도서관이나 학교에서 민망할 때가 많습니다. 또 맑은 정신으로 공부를 하려고 카페인이 함유된 커피나 음료를 마시고 난 후에는 그 증상이 더 심해집니다.

고등학교 3학년인 B는 최근 심해진 변비로 고생을 하고 있습니다. 평소 약간의 변비 증상이 있었지만 학교생활에 크게 문제되지 않을 정도였습니다. 그런데 중간고사, 기말고사가 시작되는 주가 되면 변비가 심해져 아침마다 힘든 시간을 보냅니다. 아랫배가 살살 아파오는데 화장실에 가면 대변이 잘 나오지 않고 땀만 뻘뻘 흘리다 별 소득 없이 화장실에서 나옵니다. 힘들게 배변을 해도 시원하지 않고 찝찝하게 뭔가 남아 있는 느낌이 있어 얼마 지나지 않아 또 화장실에 가게 됩니다. 배가 불편해 엄마가 차려준 아침밥도 먹기가 싫고, 수업시간에 집중도 잘 안됩니다.

1. 조금만 신경 써도 화장실에 가고 싶어요

　　평소 특별한 질환은 없지만 식후 혹은 스트레스를 받을 때 복통, 복부 팽만감과 같은 증상이 반복되며, 설사 또는 변비 등의 배변장애 증상을 보이는 것을 과민성대장증후군이라고 합니다. 명확한 원인은 아직 밝혀진 것이 없고 내장 과민성과 정신적 스트레스 등이 과민성대장증후군을 유발하는 원인으로 알려져 있으며, 우리나라 전체 인구의 7~15% 정도가 과민성대장증후군으로 의심되는 증상을 가진 것으로 보고되고 있습니다. 그리고 학업과 입시로 스트레스를 받는 고등학생들에게 많이 발생하는 질환 중 하나입니다. 과민성대장증후군으로 인해 고통을 받는 학생의 경우 일상생활에서 많은 불편을 겪고 학교생활에 지장을 받기도 합니다.

•

나도 과민성대장증후군인가요?

과민성대장증후군은 우리 주위에서 많이 볼 수 있지만 특별한 검사를 통해 진단받는 질환이 아닙니다. 그래서 오히려 진단하기 까다로울 수 있습니다. 먼저 대장내시경, 혈액검사 등 여러 가지 검사를 통하여, 비슷한 증상을 가지는 다른 질환이 있는지 확인한후 특별히 다른 질환이 없을 때 과민성대장증후군이라고 진단할 수 있습니다. 평소 스트레스를 받고 배가불편한 증상이 있다고 해서 스스로 판단하여 섣불리과민성대장증후군이라고 생각해서는 안 됩니다. 반드시 여러 검사 결과를 통해 종합적으로 판단해야 하므로 전문의와 상담하시기 바랍니다.

치료는 가능한가요?

　과민성대장증후군의 치료를 위해서는 원인이 되는 심리적 스트레스를 제거하는 것이 무엇보다 가장 중요합니다. 학생들은 특히 시험 기간에 평소보다 많은 스트레스를 받습니다. 이러한 스트레스가 과민성대장증후군 증상을 악화시키기도 합니다. 제일 좋은 방법은 학생들에게 학업 스트레스를 주지 않는 것이겠지만, 현재 우리나라 학생들이 처한 상황에서는 거의 불가능한 일입니다. 따라서 평소 학업 스트레스를 풀 수 있는 자신만의 방법과 시간을 가지는 것이 필요합니다. 스트레스를 해소하는 방법에는 규칙적이고 적당한 운동을 하는 것과 편안하게 휴식을 취하는 것 등이 있습니다.

　그리고 과민성대장증후군으로 힘들어하는 학생들은 본인의 병을 잘 이해하고 대장에 심한 자극을 줄 수 있는 음식들을 피하는 것이 또한 중요합니다. 평소 식사를 할 때는 과식하지 말고, 패스트푸드는 피하는 것이 좋습니다. 그리고 규칙적인 식사를 하고 늘 편안한 마음가짐을 갖도록 노력하는 것이 증상 호전에 도움이 됩니다.

그리고 과민성대장증후군이 심한 경우에는 약물 치료를 하기도 합니다. 이때는 각각의 증상에 따라 맞는 약물을 사용해야 하므로 전문의와 상의해야 합니다.

과민성대장증후군의 치료를 위해서는 원인이 되는 심리적 스트레스를 제거하는 것이 무엇보다 중요합니다.

 **부모를 위한 Tip**

과민성대장증후군으로 힘들어하는 자녀가 있다면,

**1. 자녀가 학업 스트레스를 줄일 수 있도록
따뜻한 위로와 격려를 하도록 합시다.**

부모가 자주 학업 성적에 관한 이야기를 하는 것은 자녀에게 큰 스트레스입니다. 성적에 관한 이야기보다 앞으로 더욱더 잘 할 수 있다는 가능성에 대한 이야기와 격려를 하도록 합시다.

2. 자녀에게 균형 잡힌 영양 식단을 제공합시다.

카페인이 함유된 음료와 지방이 많이 포함된 음식은 피하고, 과민성대장증후군 증상 호전에 도움이 되는 채소와 과일을 많이 섭취할 수 있게 식단 관리를 합니다.

3. 자녀와 같이 운동을 합시다.

가벼운 운동은 자녀의 스트레스 해소와 장운동에 도움이 됩니다. 자녀에게 운동하라고 말만 하지 말고 되도록 직접 운동하는 모습을 보여줍시다.

고등학생 A는 아침마다 화장실에 가는 것이 두렵습니다. 매일 아침 화장실에 가지만 대변이 잘 나오지 않기 때문입니다. 평소 일주일에 한 번 정도 대변을 보는데 그것도 오랜 시간을 화장실에 앉아 있어야 가능합니다. 한번은 배는 계속 아프고 대변은 나오지 않고, 더 이상 참기가 힘들어서 급히 응급실을 찾아간 적도 있었습니다. 다행히 응급실에서 관장을 하고 변을 보고 나서야 더 이상 배가 아프지 않았습니다.

그리고 A는 변비가 심해질 때면 식욕도 같이 떨어졌습니다. 변비 때문에 밥을 많이 먹으면 배가 아플 것 같아 미리 겁을 내고 밥을 조금만 먹었습니다. 식사를 제대로 안 하니 등교 후에 빵, 과자 등 간식으로 배고픔을 달래기가 일쑤였습니다.

한번은 수업 중에 배가 너무 아파 화장실로 급히 가서 대변을 봤는데 대변이 너무 딱딱해서 물을 내려도 쉽게 내려가지 않았습니다. 어쩔 줄 몰라 오래 지체하다가 때마침 화장실을 쓰려고 문 앞에서 차례를 기다리는 학생들의 불만 섞인 소리를 들었습니다. A는 미안하고 부끄러운 마음에 온몸에 식은땀이 흘렀습니다. 여러 번 물을 내리고 난 뒤에야 겨우 대변이 내려갔지만 그 생각만 하면 너무나 부끄러워 다시는 학교에서 볼일을 보기가 싫습니다.

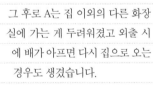

그 후로 A는 집 이외의 다른 화장실에 가는 게 두려워졌고 외출 시에 배가 아프면 다시 집으로 오는 경우도 생겼습니다.

2. 화장실에 가도
변을 못 봐요

음식을 먹은 만큼 배변하지 못하고 대변이 딱딱해 보기가 힘들고 배변 횟수가 적은 것을 흔히 변비라고 말합니다. 변비는 누구나 한 번쯤은 겪는 질환으로 많은 사람들이 이로 인해 고생하고 있습니다. 일반적으로 정상 배변 횟수는 4세 이후에는 하루 3번에서, 1주에 3번까지로 생각하면 되지만 개인마다 차이가 있을 수 있습니다.

저도 혹시 변비인가요?

    변비를 진단하기 위해서는 몇 가지 조건이 있습니다. 일반적으로 소아청소년들의 변비를 진단하기 위해 사용되는 기준은 다음과 같습니다.

    만약 자녀들에게 나타나는 증상이 아래에 제시된 기준과 부합하고 더불어 일상생활과 학교생활에 불편함이 있다면 병원을 찾아 도움을 받는 것이 좋습니다.

〈4세 이상 18세 이하 소아청소년의 경우〉

진단하기 전 최소 2개월 이상 증상이 지속되고
아래의 증상 중 2가지 이상 해당될 때

❶ 주 2회 이하의 배변 횟수
❷ 주 1회 이상의 변 지림
❸ 주 1회 이상의 변 참음
❹ 단단한 대변
❺ 배변 시 통증
❻ 변기가 막힐 정도의 굵은 대변
❼ 직장 내 다량의 대변이 남아 있는 경우

·

변비의 원인은 무엇이 있나요?

변비는 원래 가지고 있던 질병이나 식습관 및 생활습관 등 여러 원인이 복합적으로 작용하여 생기게 됩니다. 보통 명확한 이유를 찾을 수 없는 기능성 변비가 대부분이지만 다른 질환의 증상으로 변비가 나타나는 경우가 있습니다.

예를 들면 선천성 거대결장증, 대장무기력증, 뇌성마비, 결체조직 질환, 약물이나 중금속중독, 우울증, 갑상샘 기능저하, 당뇨 등의 질환에 나타나는 동반 증상일 수도 있으므로 갑자기 변비가 생길 경우 전문의와 상담이 필요합니다.

·

변비로 인해 생기는 증상은 어떤 것들이 있나요?

변비가 있으면 크고 딱딱한 변이 변기를 막기도 하고, 배변 시에는 항문이 매우 아프고, 심한 경우에는 구토를 하기도 합니다. 또 식욕이 떨어지고, 항문이나 괄약근 주변 점막이 살짝 찢어지면서 변에 피가 묻어 나올 수도 있습니다. 그리고 화장실에 앉아 있는 시간이 길어지면서 치질이 잘 생기기도 합니다.

변비가 있는 학생들이 대변을 보는 날에는 그날의 생활 리듬이 깨지는 경우가 많습니다. 아침에 변을 보는 데 시간이 오래 걸려 등교시간에 늦을 수도 있고, 대변을 본 후의 항문 통증이나 불편감 때문에 수업시간에 집중하지 못할 수도 있습니다. 또한 대변을 보더라도 잔변감 때문에 계속 화장실에 가야한다는 생각으로 하루를 보내기도 합니다. 특히 일정한 패턴으로 공부하고 시험을 준비해야 하는 수험생에게는 변비가 상당히 괴로운 일입니다.

•

변비는 어떻게 치료하나요?

짧은 기간에 생긴 변비는 치료가 상대적으로 쉽지만, 오랫동안 변비가 있었다면 만성 변비가 되어 완치할 때까지 많은 시간과 노력이 필요합니다. 먼저 과일, 채소, 잡곡 등 섬유소가 많은 음식을 먹고, 수분을 충분히 섭취하는 것이 변비에 도움이 됩니다. 바나나와 감, 다량의 우유는 변비를 악화시킬 수 있어, 변비가 있는 학생들은 피하는 것이 좋습니다.

또한 규칙적인 식사가 필요합니다. 아침식사 후에 배변하는 습관을 규칙적으로 들이면 변비를 치료하는 데 많은 도움이 됩니다. 그리고 걷기, 자전거 타기 같은 적당한 운동은 장운동 기능에 도움이 되어 변비를 예방해줍니다.

가장 흔한 기능성 변비(특별한 질환이나 대장의 문제가 없는 경우에 생기는 변비)는 단기간에 치료하기 힘들며 쉽게 재발하므로 보통 6개월에서 2년간의 장기 치료가 필요합니다. 변비가 심할 경우에는 약물의 도움을 받을 수 있습니다. 변비약 중 장기적으로 안전하게 사용할 수 있는 약은 락툴로오스, 소르비톨 시럽, 미네랄 오일, 마그네슘 하이드록사이드, 폴리에틸렌글리콜 제제, 섬유소제 등이 알려져 있습니다. 몇몇 변비약(둘코락스 좌약 등)은 장기간 사용하면 안 되는 약물이

므로 사용할 때는 전문의와 상담 후 단기간에만 사용하여야 합니다.

•

알로에가 변비에 좋다고요?

많은 사람들이 알로에가 변비에 좋다고 말합니다. 실제로 알로에는 섬유질이 풍부하여 단기간 먹을 경우, 변비가 좋아지기도 합니다. 하지만 알로에에 포함되어 있는 안트라퀴논이라는 성분 때문에 장기간 섭취하게 되면 대장이 검게 변하는 대장흑색증이 생길 수 있습니다.

장기간의 알로에 섭취는 장의 벽을 반복적으로 손상시켜 결국에는 장이 잘 움직이지 않게 되는 장무력증을 유발할 수도 있습니다. 변비 개선을 위해 먹었던 알로에가 오히려 변비를 더욱 심하게 하는 원인이 될 수 있는 것입니다. 대장흑색증은 알로에를 끊으면 호전될 수 있지만 장무력증으로 진행되면 변비 치료가 굉장히 어려워지므로 장기적인 알로에 복용은 각별한 주의가 필요합니다.

 **부모를 위한 Tip**

변비로 고생하는 자녀가 있다면,

1. 자녀의 식습관과 생활습관을 개선합시다.

규칙적인 식사와 변비에 도움이 되는 채소 중심의 음식을 준비해주고, 대변 보고 싶은 느낌이 가장 잘 생기는 아침식사 후 화장실을 가도록 지도합니다.

프로바이오틱스류의 유산균 제제를 꾸준히 먹는 것도 도움이 될 수 있습니다.

2. 장운동에 도움이 되는 운동을 합시다.

빠르게 걷기, 자전거 타기, 산책 등 가벼운 운동을 자녀들과 꾸준히 같이 합니다.

3. 심한 변비로 자녀들이 학교생활에 불편함을 호소하면,

병원에 방문하여 전문의와 상담 후 치료를 받도록 합니다.

올해 초등학교 3학년이 된 A는 다른 또래 친구들과 다를 바 없는 개구쟁이입니다. 쉬는 시간을 알리는 종소리가 울리면 기다렸다는 듯이 친구들과 떠들고 교실을 뛰어다니며 장난을 칩니다. A는 활달한 성격에 운동하는 것도 좋아합니다. 그 덕분에 작년보다 키가 많이 자랐습니다. 또래 친구들보다 체격도 좋고 키도 큰 편이라 올해부터는 교실 맨 뒷자리에 앉아 수업을 듣게 되었습니다. 교실 뒷자리에 앉아 있다 보니 수업시간에 집중하지 못하는 경우가 간혹 있지만, 가장 좋아하는 국어 시간만큼은 다른 어린이가 됩니다. 장난스런 모습은 사라지고 진지한 모습으로 수업을 듣습니다.

이렇게 국어를 좋아하던 A가 최근 수업시간에 다른 모습을 보이기 시작했습니다. 특별한 이유도 없는데 수업에 집중하지 못하고 산만한 모습을 보인 것입니다. 이상하게 여긴 선생님이 수업 중에 A를 관찰해보니 눈을 심하게 찡그리고, 칠판의 글을 따라 쓰다가도 멍하게 칠판을 바라보다가 옆 친구와 잡담을 하는 모습을 보였습니다. 수업이 끝나고 선생님이 수업시간에 친구랑 무슨 이야기를 했냐고 물어봤더니, A는 답답한 말투로 선생님이 쓰신 글씨가 안 보여 친구에게 계속 물어봤다고 합니다.

3. 시력이 나빠졌어요

우리가 물체나 글자 등을 볼 때 그 상이 망막보다 앞에 초점이 맺히면 근시라고 부르고, 뒤에 초점이 맺히면 원시라고 부릅니다. 초점이 앞에 맺히면 멀리 있는 물체를 보기가 어렵고, 초점이 뒤에 맺히면 가까운 것을 보기가 힘듭니다. 쉽게 말해 근시는 먼 것을 잘 보지 못하고 원시는 가까운 것을 잘 보지 못합니다. 먼 곳을 잘 보지 못하는 근시는 상대적으로 어린 나이에 많고, 가까운 곳을 잘 보지 못하는 원시는 노인들에게 많습니다. 안경을 끼게 되면 근시의 경우는 오목

렌즈를 사용해서 교정을 하고, 원시의 경우는 볼록렌즈(돋보기안경)를 사용하여 교정하게 됩니다.

•

왜 시력이 나빠지나요?

시력이 감소하는 원인은 여러 가지가 있지만 소아청소년 근시의 원인 중 하나는 우리 몸의 성장에 있습니다. 소아청소년기에는 몸이 성장하면서 안구의 길이(안축장)가 길어지거나 수정체의 굴절력 변화로 단순 근시가 잘 생깁니다. 그래서 몸이 계속 성장하는 이 시기에는 근시가 심해질 수 있습니다. 안구 길이의 증가는 5~10세에 시작하여 18~20세 무렵에 멈추게 됩니다.

·

근시, 우리 아이만의 문제?

대한안과학회에서 국민건강영양조사(2008~2012) 자료를 분석한 결과 우리나라 12~18세 청소년 중 근시(-0.75 디옵터 이상)와 고도근시(-6 디옵터 이상) 유병률이 각각 80.4%, 12%에 달했다고 발표하였습니다. 이 자료를 볼 때 우리나라 청소년 대부분이 시력에 문제가 있는 것을 알 수 있습니다. 특히 초등학생의 경우 근시 유병률이 급속히 증가하는 것으로 나타나고 있습니다. 1970년대 초등학생의 근시 유병률은 8~15% 안팎이었지만 1980년대 23%, 1990년대 38%, 2000년대 46.2% 등으로 30년간 약 5.8배나 증가했습니다.

공부를 해야 하는 학생들에게 근시는 큰 문제가 됩니다. 근시가 있는 학생은 안경 등으로 시력 보정을 하지 않으면 수업 중 칠판 글씨나 선생님을 잘 볼 수가 없고, 심한 근시일 경우에는 눈앞의 책도 잘 안 보이게 됩니다. 이러면 수업에 집중할 수 없게 됩니다.

꼭 안경을 써야 하나요?

근시의 치료는 안경을 쓰는 것이 가장 쉽고 좋은 방법입니다. 시력이 나쁜 학생들에게는 다른 치료보다는 안경 쓰기를 권장합니다. 아직 성장기인 학생의 시력 변화에 따라 계속 시력을 보정해줘야 하므로 안경을 쓰는 것이 좋습니다.

그리고 여러 가지 이유로 안경을 쓰기 어려울 때는 콘택트렌즈 사용을 고려해볼 수도 있습니다. 하지만 콘택트렌즈의 경우 눈에 직접 닿는 것이므로 깨끗하게 관리해야 하고, 그렇지 못할 경우 결막염이 생길 수 있습니다. 그리고 눈물을 렌즈에 빼앗겨 안구건조증도 쉽게 생길 수 있습니다.

최근 학생들은 눈동자가 예뻐 보이는 효과 때문에, 서클렌즈나 컬러렌즈 등 미용 렌즈를 착용하는 경우가 많습니다. 이러한 미용 렌즈는 일반 콘택트렌즈보다 산소투과도가 낮아 결막염, 안구건조증, 눈 충혈 등이 더 잘 생길 수 있으니 주의해야 합니다.

그리고 라식, 라섹 같은 수술적 치료는 성장기의 학생들에게는 추천하지 않습니다. 왜냐하면 소아청소년기에는 지속적인 시력 변화가 있기 때문에 수술적 치료는 시력에 더 이상 변화가 없는 성인이 되어 고려해보는 것이 바람직합니다.

•

근시는 어떻게 예방할 수 있나요?

눈의 피로를 줄이기 위해서는 독서나 공부를 할 때 너무 어둡거나 너무 밝은 환경을 피해야 합니다. 그리고 누워서 책을 보거나 움직이는 차 안에서 책을 보는 것 또한 눈 건강에 좋지 않습니다. 40~50분 책을 본 후에는 10분간 휴식을 취하는 것이 좋습니다.

책을 읽거나 공부를 할 때는 가까운 곳을 오랫동안 보기 때문에 눈에 피로가 쉽게 쌓입니다. 따라서 휴식 시간에는 먼 곳을 편안하게 바라보면서 쉬는 것이 눈의 피로 회복에 도움이 됩니다.

그리고 눈에 충분한 영양소를 공급하여 눈 건강을

미리미리 챙기는 것도 좋은 방법입니다. 비타민A가 풍부한 당근이나 녹황색 채소를 충분히 먹는 것도 도움이 되고, 안토시아닌이 풍부하게 들어 있는 블루베리도 눈 건강에 도움이 됩니다.

·

안경을 쓰면 눈이 점점 나빠지나요?

자녀가 안경을 쓰면 혹시 시력이 더 나빠지지 않을까 걱정하는 부모들이 있습니다. 하지만 그것은 잘못된 생각이며 안경을 쓴다고 눈이 더 나빠지진 않습니다. 자녀가 자라면서 눈이 점점 나빠져 새 안경을 쓸 수는 있지만 안경을 써서 눈이 나빠지는 것은 아니므로 부모는 시력이 나쁜 자녀가 안경을 쓸 수 있도록 해야 합니다.

시력이 나쁜데도 안경을 쓰지 않으면 칠판, 선생님, 책 등이 잘 보이지 않아 수업에 집중력도 떨어지고 학업성취도도 떨어질 수 있으니 안과에서 정확하게 시력을 측정한 후에 안경을 착용하기를 권합니다.

텔레비전이나 스마트폰을 보면 시력이 나빠지나요?

흔히 텔레비전이나 스마트폰을 가까이서 보면 시력이 나빠진다고 말합니다. 하지만 텔레비전이나 스마트폰을 가까이서 본다고 근시가 생기는 것은 아닙니다.

반대로 자녀들에게 이미 근시가 생겨 텔레비전을 바싹 붙어서 보는 경우가 있을 수 있습니다. 텔레비전을 지속적으로 가까이서 보는 자녀가 있다면 시력검사를 받아보는 것이 좋습니다.

근시와는 무관하다고 해서 텔레비전이나 스마트폰을 가까이에서 봐도 되는 것은 아닙니다. 스마트폰 화면을 집중해서 보면 눈 깜박이는 횟수가 평소보다 줄어들어 안구건조증이 생기기 쉽습니다. 그리고 오랫동안 텔레비전이나 스마트폰을 보는 것은 눈을 피로하게 만들어 눈 건강에 좋지 않으므로 장시간 사용하는 것을 피하고, 텔레비전을 시청할 때는 적당한 거리를 두고 보는 것이 좋습니다. 학업 등의 이유로 스마트폰을 장시간 봐야 할 때는 중간중간 휴식 시간을 가지는 것이 필요합니다.

〈대한안과학회 청소년 근시 예방 권고안〉
❶ 하루에 1시간 이상, 주간에 야외활동을 반드시 합니다.
❷ 스마트폰 사용 시간은 하루 1시간 미만으로 합니다.
❸ 취침 시 반드시 소등합니다.
❹ 밤 12시 이전에 취침하며, 하루 6시간 이상 숙면합니다.
❺ 1년에 최소 한 번 이상 안과 검진을 받습니다.

 **부모를 위한 Tip**

시력이 떨어지는 자녀가 있다면,

1. 자녀의 시력에 문제는 없는지 관심을 갖고 확인합시다.

특히 저학년 아이들은 자신의 시력에 문제가 있는지 모를 때가 있습니다. 따라서 부모가 1년에 한 번씩 안과에 방문하여 자녀의 시력을 확인하도록 합니다.

2. 시력 저하가 있을 경우 반드시 안경을 착용해, 학업에 차질이 생기지 않도록 합시다.

특히 여학생들은 외모상의 문제로 콘택트렌즈를 선호하기도 하는데, 소아청소년기에는 안경 착용이 가장 좋은 시력 보정 방법입니다.

3. 장시간의 공부 후에는 눈이 쉬는 시간을 반드시 가지도록 합시다.

또한 텔레비전이나 스마트폰 사용 시간을 줄이도록 지도합니다.

코에서 냄새가 나요!

초등학교 5학년인 A는 평소 맑은 콧물이 나오고 코가 잘 막힙니다. 이 때문에 어렸을 때부터 자주 병원을 다녔고 병원에서는 알레르기 비염 치료를 받고 있습니다. 어느 날 콧물과 코막힘, 기침 증상이 있어서 약을 먹고 나면 괜찮아지겠지 생각했는데, 며칠 후 코막힘이 점점 더 심해지더니 맑은 콧물 대신 누런 콧물이 나오기 시작했습니다. 몸에서는 열까지 나고 감기몸살처럼 온몸이 쑤셨습니다. 게다가 갑자기 두통이 생겼고, 얼굴과 눈 주변 부위를 만지면 심한 통증도 느꼈습니다.

그날 학교에서 수업을 받던 A는 온몸이 아프고 숨 쉬는 것도 불편해 오전 수업만 마치고 조퇴를 하였습니다. 근처 병원에 들러 진찰을 받았는데, 의사선생님이 급성 부비동염이 의심된다며 얼굴을 엑스레이로 찍어보자고 하십니다. 검사 후, 엑스레이 사진을 본 의사선생님이 양쪽 코 옆 부비동에 염증이 심해 항생제를 먹어야겠다고 하십니다. 엄마는 항생제가 A의 몸에 안 좋지 않을까 하는 걱정에 항생제 말고는 다른 치료 방법이 없냐고 물어봤습니다. 하지만 의사선생님은 항생제를 적절하게 충분한 기간 동안 사용해야 부비동염을 완전히 치료할 수 있다고 하십니다.

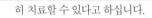

4. 부비동에
염증이 생겼어요

부비동은 우리 얼굴을 이루는 뼈 속 공간을 말합니다. 부비동은 총 4곳으로 이루어져 있으며 상악동, 사골동, 전두동, 접형동으로 구분합니다. 부비동은 정상일 경우 공기로 차 있으며, 부비동 공간의 점막에서 나오는 점액과 분비물은 그 양이 적습니다. 그리고 부비동에 분비물이 생기더라도 자연공이라는 구멍과 연결되어 있어 이곳을 통해 비강(코)으로 배출되게 됩니다.

•

부비동염은 어떻게 생기나요?

부비동염은 우리가 흔히 축농증이라고 말하는 질환입니다. 축농증은 부비동 안에 농(고름)이 차 있다는 뜻입니다. 우리 콧속 점막은 부비동의 점막과 연결되어 있어, 콧속 점막에 염증이 생기면 부비동의 점막 또한 염증이 생기고 심해지면 부비동염으로 진행됩니다.

일반적으로 처음에는 감기(급성 상기도염) 또는 알레르기 비염 등으로 인해 콧속 점막에 염증이 생겼다가, 부비동으로 전파되면서 부비동 점막에 염증이 생깁니다. 이로 인해 부비동 안의 분비물(콧물 등)이 밖으로 배출되지 못하고 차게 되어 세균이 번식해 부비동염으로 진행되는 것입니다.

•

부비동염도 급성과 만성이 있다고요?

부비동염은 병이 지속된 기간을 기준으로 급성과 만성으로 나눕니다. 보통 4주 미만일 경우에는 급성 부비동염이라고 하고 3개월 이상 지속되는 경우를 만성 부비동염으로 정의합니다. 치료를 해도 잘 낫지 않거나 치료 후에도 자주 재발할 경우, 만성 부비동염을 의심해봐야 합니다.

급성 부비동염은 단독으로 생기는 질환이라기보다는 감기, 알레르기 비염 등이 있는 경우에 같이 생기는 경우가 많습니다. 콧물, 기침이 가장 흔한 증상이고, 몸에 열이 나기도 합니다. 콧물, 기침이 10일 이상 지속되거나 누런 콧물과 고열이 동반되면 급성 부비동염을 의심해봐야 합니다. 또한 급성 부비동염이 생기면 두통과 얼굴 통증이 생길 수 있습니다.

급성 부비동염을 잘 치료하지 않아 병이 반복되거나 지속된 기간이 3개월 이상일 경우 만성 부비동염으로 진단합니다. 코막힘, 만성 기침, 누렇거나

 진득한 콧물, 목 뒤로 넘어가는 콧물 등이 주 증상입니다. 일반적으로 콧물보다는 코막힘이 좀 더 심해, 입으로 숨 쉬게 되고 목이 아플 수 있습니다. 후비루(뒤로 넘어가는 콧물) 등의 이물감 때문에 잔기침처럼 목을 가다듬는 양상을 자주 관찰할 수 있습니다. 또한 두통이나 안면통, 후각 장애 등이 생길 수 있습니다.

•

부비동염이 잘 걸리는 사람이 있나요?

알레르기 비염이 심한 경우 콧속 점막이 부어 있어, 콧물이 잘 빠지지 않고 부비동과 공기 순환도 잘 되지 않아 세균이 자라기 쉬운 환경이 됩니다. 알레르기 비염이 심한 사람은 단순 감기에 걸려도 부비동염으로 진행되는 경우가 많습니다. 알레르기 비염을 잘 치료하고 조절하는 것이 부비동염의 예방에 도움이 됩니다. 그리고 위식도 역류가 심한 사람은 코 안 부비동까지 역류되어 부비동염에 걸리기가 쉽습니다.

•

항생제 치료를 꼭 해야 하나요?

급성 부비동염의 치료는 항생제 치료가 우선입니다. 적절한 항생제 치료를 하면 2~3일 안에 증상이 좋아지기 시작합니다. 항생제는 증상이 사라지고 일주일 정도 더 먹어야 하며 약 2주간의 치료 기간이 필요합니다. 만성 부비동염도 마찬가지로 항생제 치료를 하고, 경과가 좋아도 최소 2주간 항생제를 사용합니다. 만성 부비동염은 치료가 잘 되지 않는 경우도 많아 항생제를 3~6주 이상 사용하는 경우도 있습니다.

부비동염은 재발도 잘하고 치료 기간도 길기 때문에, 환자가 치료 중에 임의로 항생제를 중단하는 경우가 많습니다. 이는 부비동염 치료에 매우 좋지 않습니다. 항생제를 며칠 쓰고 증상이 완화된다고 사용을 중단하면 항생제 내성균이 생길 수 있습니다. 항생제 내성균이 생기면, 부비동염이 재발할 시 항생제 치료를 해도 전혀 효과가 없는 경우가 생길 수 있습니다.

따라서 부모나 자녀들은 절대 임의로 항생제 사용을 중단해서는 안 됩니다. 항생제 사용의 중단 여부는 소아청소년과 전문의와 상담하여 결정하는 것이 바람직합니다. 실제로 환자를 치료해보면 치료 기간에 맞춰 완치될 때까지 항생제를 사용하는 것이 항생제를 쓰다 말다 하면서 치료하는 것보다, 치료 기간이 훨씬 짧습니다.

또한 환자의 증상에 따라 항히스타민제, 거담제, 국소용 스테로이드 분무제, 비점막 수축제 등을 항생제와 같이 사용하면 도움이 됩니다.

·

만성 부비동염과 학업의 관계는?

만성 부비동염을 가진 학생들은 학업에 집중하는
데 어려움을 겪습니다. 평소 코가 막혀 있을 때가 많
아 코로 숨 쉬는 대신 입으로 숨 쉬는 경우가 잦은데,
이러한 학생들은 책상 앞에 조금만 앉아 있어도 집중
이 잘 안 된다며 불편을 호소합니다. 코만 뚫려도 공
부가 잘 될 것 같다며 하소연하는 경우를 자주 봅니
다. 또한 부비동염이 심한 경우에는 두통이 생겨 공
부를 하기가 힘들어집니다. 잠을 잘 때는 코를 심하
게 골기 때문에 수면의 질 또한 나빠져 자주 피곤을
호소할 수 있습니다.

·

콘택트렌즈용 생리식염수로 코 세척을 해도 된다?

콘택트렌즈용 식염수에는 보존제 등 다른 물질들
이 포함된 경우가 많기 때문에 절대 코 세척용으로 사

용하면 안 됩니다. 만약 콘택트렌즈용 식염수를 사용하게 되면 거기에 포함된 성분이 코 점막을 자극해 코막힘 증상이 더욱 심해질 수 있습니다. 따라서 코 세척을 원하는 자녀가 있다면 약국에서 구입할 수 있는 일반 생리식염수를 사서 사용하는 것을 추천합니다.

급성 부비동염과 만성 부비동염 모두 적절한 항생제 치료가 필요합니다.

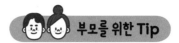 **부모를 위한 Tip**

부비동염으로 고생하는 자녀가 있다면,

1. 콧물, 기침이 10일 이상 지속되거나
   누런 콧물과 고열이 동반되면,
   급성 부비동염을 의심해보고 병원에 가봐야 합니다.
   단순 감기로 생각하고 적절한 치료를 받지 않으면 증상이
   심해지고 치료 기간도 길어질 수 있습니다.

2. 항생제를 사용해 치료할 시, 항생제 사용을 임의로
   중단하지 마시고 전문의와 상담 후 결정하시기 바랍니다.
   항생제 사용이 걱정된다고 항생제 사용을 임의로 중단하면
   그 결과는 더 안 좋은 경우가 많습니다.

3. 만성 부비동염이 있는 자녀들은 학업에 많은
   어려움이 있습니다.
   적절한 치료를 받지 않고 있다면 병원을 꼭 방문하시기
   바랍니다.

저도 비만인가요?

초등학교 6학년 여학생인 A는 큰 고민이 하나 생겼습니다. 최근 체중이 점점 늘어나더니 키가 145cm인데 몸무게가 60kg을 넘었기 때문입니다.

A는 키에 비해 몸무게가 많이 나가 왠지 몸이 더 뚱뚱해 보이는 것 같습니다. 또 같은 반의 짓궂은 남자애들이 자기 몸을 보고 놀리는 것 때문에 학교 가기도 싫고, 맘에 드는 옷을 입어도 잘 안 맞는 것 같아 무척 속상합니다.

A는 평소 운동을 싫어하고 집에서 책을 읽거나 TV를 보거나 누워서 스마트폰 게임하는 것을 좋아하는 탓에 활동량이 매우 적은 데다, 날마다 사탕과 초콜릿 같은 간식을 많이 먹었던 게 체중이 늘어난 원인인 것 같습니다.

토요일 오후, 엄마는 A에게 나가서 운동 좀 하라고 잔소리를 합니다. 매일 집에서 아무것도 안 하고 간식만 먹으니 살만 찐다고 면박을 주자 "왜 나한테만 그래."라고 짜증을 내며 방으로 들어갑니다.

나가서 운동을 해볼까 생각해봤지만, 지난 체육시간에 달리기를 해서 꼴찌로 들어왔던 것이 기억났습니다. 그때 부끄럽기도 하고 숨이 차서 땅바닥에 주저앉았던 게 떠오르자 A는 고개를 절레절레 흔들고는 다시 스마트폰을 꺼내서 게임을 합니다.

5. 아이가 뚱뚱해서
   걱정이에요

비만은 우리 몸의 지방세포 수가 증가하거나 각각의 지방세포 크기가 커져 피하층과 체조직에 과도한 양의 지방이 축적되어 있는 상태로 정의할 수 있습니다. 최근 신체활동 감소와 섭취하는 칼로리 증가로 인해 비만 인구가 점점 늘어나고 있습니다. 특히 중·고등학생과 초등학생, 심지어 유치원생까지 비만 인구가 점점 늘어나고 있는 실정입니다.

얼마나 뚱뚱해야 비만인가요?

비만을 진단하는 데는 여러 가지 기준이 있습니다. 다음은 우리가 주로 사용하는 진단 기준입니다.

❶ 비만도

비만도(%) = [(실측체중 − 신장별 표준체중)/신장별 표준체중] x 100(%)
- 과체중: 10∼20%
- 비만: 20% 이상

(경도 비만: 20∼30%, 중등도 비만: 30∼50%, 고도 비만: 50% 이상)

❷ 어린이 롤러(Rholer)지수(7∼12세 적용)

롤러지수 = {체중(kg)/신장(cm)×신장(cm)×신장(cm)}×10,000,000
- 키 110∼120cm일 때 롤러지수 180 이상이면 비만
- 키 130∼149cm일 때 롤러지수 170 이상이면 비만
- 키 150cm 이상일 때 롤러지수 160 이상이면 비만

❸ 체질량지수(청소년, 성인에 적용)

체질량지수 = 체중(kg) / $[$신장(m)$]^2$
- 비만위험군: 성별, 연령에 따른 체질량 지수가 85백분위수(%) 이상∼95백분위수(%) 미만
- 비만: 성별, 연령에 따른 체질량지수가 95백분위수(%) 이상

6세 이상 특히 청소년 비만의 진단에 유용하게 이용되며 18세 이상에서는 25kg/m² 이상이면 비만으로 진단

●

소아청소년 비만 치료의 목표는 어떻게 되나요?

소아청소년 비만은 성인의 비만과 다릅니다. 성인의 경우, 꾸준한 운동뿐 아니라 때때로 단식이나 다이어트를 통해 체중을 감량하거나 약물을 사용하기도 합니다. 하지만 소아청소년은 계속 몸이 커가는 성장기임을 감안해서 비만 치료를 해야 합니다. 소아청소년들은 꾸준한 운동을 통해 체중을 감량하는 것이 가장 좋습니다. 만약 식사량이 너무 많다면 식사량 조절도 필요할 수 있습니다.

그리고 소아청소년들이 살이 쪘다고 해서 모두 살을 빼야 하는 것은 아닙니다. 소아청소년의 경우에는 살을 빼야 하는 집단과 현재 체중을 유지해야 하는 집단으로 나뉩니다. 비만으로 인한 고혈압, 고지혈증, 당뇨병 등의 합병증이 있는지 유무를 먼저 확인하고 이에 따라 치료 목표를 정합니다. 체질량지수 **BMI**(비만도 측정을 위해 몸무게를 키의 제곱으로 나눈 값) 95백분위수(비만) 이상일 경우 7세 이상이거나 합병증이 동반된 7세 미만은 체중 감량이 필요합니다. 그리고 합병증이 없는 7세 미만은 현재 체중을 유지하는 것이 치료 목표입니다.

체질량지수 85~94백분위수(비만위험군)에 해당되는 경우 7세 이상에서 합병증을 동반하면 체중 감량이 필요하고 7세 미만이거나 합병증이 없는 7세 이상은 현재 체중을 유지하도록 합니다. 여기서 소아청소년에게 무조건 체중을 감량하지 않고 체중을 유지하도록 하는 이유는 키가 계속 자라는 시기이기 때문입니다. 체중을 유지하면 자연스럽게 키가 자라면서 체질량지수가 낮아집니다. 소아청소년 비만 치료의 목표는 자녀의 체질량지수가 85백분위수 이하로 되도록 유지하는 것입니다.

•

소아청소년기의 비만 치료가 어려운 이유는?

성인의 비만은 몸에 있는 일정 수의 지방세포의 크기가 커져서 생깁니다. 다시 말해 우리 몸에 있는

지방세포에 지방 축적이 늘어나면서 살이 찌는 것입니다. 그래서 식단 조절과 운동을 통해 지방세포의 크기를 줄이면 체중을 줄일 수 있습니다.

하지만 소아청소년의 경우는 비만이 생기면 몸에 있는 지방세포의 수가 증가하게 됩니다. 이렇게 한번 지방세포의 수가 늘어나게 되면 그 수는 줄어들지 않습니다. 이러한 이유로 소아청소년기의 비만 치료는 쉽지 않습니다. 한번 늘어난 지방세포 수는 줄어들지 않기 때문에 자녀들의 체중을 관리하여 비만이 되지 않도록 노력해야 합니다.

•

비만이 생기면 무슨 문제가 있을까요?

비만의 가장 큰 문제점은 흔히 성인병이라고 말하는 고혈압, 당뇨, 고지혈증 등이 쉽게 동반된다는 것입니다. 최근에는 소아고도비만 환자가 급격하게 느는 추세인데, 주로 성인들에게 나타나는 고혈압, 당뇨, 고지혈증, 지방간 등 여러 가지 질환들이 동반되고 있습니다.

또한 비만은 성조숙증도 유발할 수 있습니다. 최근 성조숙증으로 병원을 찾는 환자들이 많은데 상당수의 환자가 비만인 것을 볼 수 있습니다.

보통 소아에서 비만이 생기면 키는 표준보다 큰 경우가 많습니다. 이를 보고 '우리 아이는 살이 쪘지만 키가 크니까 괜찮아.'라고 생각하는 부모들이 많은데 잘못된 생각입니다. 비만인 경우 뼈 나이가 실제 나이보다 많을 때가 흔하고 상대적으로 사춘기가 빨리 올 수도 있습니다. 뼈 나이가 실제 나이보다 많을 경우에는 실제로 키가 자랄 수 있는 성장 기간이 줄어들기 때문에 자녀가 다 자랐을 때 최종 키는 오히려 작을 수 있습니다.

•

체격이 크면 체력이 좋다?

여러 조사에 따르면 요즘 학생들은 예전 학생들보다 체격이 많이 좋아진 것으로 나타납니다. 과거에 비해 몸무게도 더 많이 나가고 키도 커졌습니다. 하지만 현재 중·고등학생들의 체력을 측정해보면 과거에 비해 많이 떨어지는 것으로 나옵니다.

　　우리나라 대학 입시처럼 장기간의 수험생활과 학습시간이 필요한 경우에는 체력이 정말 중요합니다. 왜냐하면 체력이 곧 학업 성적과 연결되기 때문입니다. 체력이 떨어지면 공부하고 싶어도 할 수 없고 몸이 지치면 공부하고자 하는 의욕도 떨어집니다. 대부분의 수험생 부모들이 자녀들의 체력을 위해 간식을 많이 챙겨주는데, 너무 많은 간식은 수험생에게 오히려 방해가 될 수 있습니다. 간식

을 많이 먹으면 먹은 후 졸리기 쉽고, 또한 운동량이 부족한 수험생들은 살이 찌기 쉽습니다.

　　체력은 체격이 좋다고 생기는 것이 아닙니다. 체력을 키우기 위해서는 적절한 몸무게를 유지하고 우리 몸의 근육량을 늘리는 운동이 필요합니다. 수

험생이라 할지라도 하루에 30분 걷기, 팔굽혀펴기 등 가벼운 운동을 통해 체력을 키운다면, 쉽게 지치지 않고 공부에 집중하는 데 도움이 될 것입니다.

•

비만이 있으면 간수치가 높아진다?

비만인 자녀의 혈액검사에서 간수치가 높게 나와 걱정하는 부모들이 있습니다. 지방간 때문에 간수치가 올라간 경우인데, 주로 고도비만을 동반한 학생에게 나타납니다. 고도비만 환자에게 간초음파를 해보면 대부분 경도 이상의 지방간이 동반된 경우가 많습니다.

한 가지 다행인 점은 체중 감량을 하면 지방간도 따라서 좋아지는 경향이 있다는 것입니다. 따라서 비만으로 인한 지방간이 있는 자녀가 있다면 병원을 방문하여 소아청소년과 전문의와 상담해보길 바랍니다.

비만이 걱정되는 자녀가 있다면,

1. 자녀의 현재 몸무게와 키를 확인하고 비만인지 아닌지 확인해봅니다.

그냥 눈으로 보고 "그 정도면 괜찮아, 넌 키가 크니까 괜찮아."라고 말하지 말고 직접 몸무게와 키를 측정하거나 체성분 분석기(인바디) 등을 통하여 자녀의 비만도를 수치상으로 확인합니다.

2. 체중을 줄여야 하는 경우와 체중을 유지해야 하는 경우가 다릅니다.

예를 들어, 고혈압, 고지혈증 등 합병증이 있는 경우는 체중을 줄여야 하지만, 그렇지 않은 경우는 체중을 유지해야 합니다. 정확한 내용은 소아청소년과 전문의와 상담하는 것이 필요합니다.

3. 자녀의 살을 빼기 위해서 부모가 자녀와 함께 운동하는 시간을 갖도록 합니다.

말로만 살을 빼라고 하지 말고, 먼저 부모가 몸소 보여주며 함께 운동하는 것이 좋습니다.

어지럽고 얼굴이 창백해요!

여학생인 A는 평소 몸에 힘이 없고 쉽게 피로해지고 다른 친구들보다 체력이 약해 학교생활을 하는 데 어려움이 있었습니다.

주변 친구들은 A에게 얼굴이 창백하다며 병원에 가보라고 걱정 섞인 말을 합니다. 평소에 자신의 건강이 매우 좋은 편은 아니어도, 그렇다고 특별히 나쁘다고 생각하지 않았습니다. 하지만 슬슬 걱정이 되기 시작해서 부모님과 함께 병원에 가보기로 하였습니다. 병원을 방문한 A는 의사선생님과 상담 후 여러 가지 검사를 시행하였습니다.

A는 검사결과를 기다리는 동안 별의별 생각이 다 들었습니다. 내가 모르는 큰 병이 있는 건 아닐까? 아니면 당분간 수업을 듣지 못할 정도로 심각한 병은 아닐까? 등등. 잠시 후 검사결과가 나온 후 의사선생님은 미소를 지으며 이렇게 말씀하셨습니다.

"A야, 걱정하지 마. 큰 병은 아니란다. 빈혈이 있구나."

생각해보니 A는 다른 친구에 비해 생리 기간은 일주일 정도로 길었고 양도 많은 편이었습니다. 생리량도 많고 생리 기간이 길어서 불편한 점은 있었는데 이 때문에 쉽게 피로해지고 학업에 집중하기가 어려울 줄은 몰랐습니다.

A는 철분제를 처방받아 복용한 지 약 일주일 후부터 몸이 조금씩 좋아지는 것을 느꼈습니다. 평소에 쉽게 피로해지던 일도 더 이상 쉽게 피로를 느끼지 않게 되었고 수업시간에도 집중하며 공부를 할 수 있게 되었습니다. 이번 일을 통해 A는 한 가지 큰 교훈을 깨달았습니다. '건강해야 내가 하고 싶은 일을 잘 할 수 있구나.'라고 말입니다.

6. 빈혈 때문에 어지러워요

빈혈은 우리가 흔히 잘 먹지 못해 생기는 병으로 알고, 경제적으로 어려운 나라에 많다고 생각하지만 우리 주위에서 흔히 볼 수 있는 질환입니다.

또한 빈혈은 다양한 원인에 따라 종류가 분류되는데 여학생들에게 주로 나타나는 빈혈은 철결핍성 빈혈입니다. 우리나라 중·고등학교 여학생에 대한 여러 조사나 통계에서 철결핍성 빈혈이나 철결핍이 의심되는 비율은 20% 정도라고 합니다. 이러한 통계 수치를 볼 때 많은 수의 여학생들이 빈혈로 인해 생활이나 학업에 문제를 겪고 있을 것으로 생각됩니다.

빈혈이 생기면 학생들은 식욕이 줄어들고, 인지기능이 떨어지며, 학습능력도 저하될 수 있습니다. 수면장애나 반복적인 감염(잦은 감기) 역시 빈혈과 연관이 있습니다.

정상 여학생의 경우 혈색소는 보통 12~13g/dL로 측정됩니다. 그런데 우리 몸의 혈색소가 12g/dL 이하로 떨어지면 피부나 점막이 점점 창백해지고, 기운이 없어지고 평소 호흡이 빨라지기도 하며 가벼운 운동에도 숨이 쉽게 차는 증상이 나타날 수 있습니다. 하지만 경우에 따라 이러한 자각 증상이 없는 경우도 있어, 심한 빈혈이 발생하기 전까지 아무런 증상 없이 지내다 빈혈이 심해지고 난 뒤에서야 병원을 방문하게 되는 경우도 종종 있습니다.

빈혈이 생긴 여학생의 경우는 과다 생리(출혈)로 인한 것이 대부분이지만, 먼저 과도한 다이어트를 하고 있는지, 식사에 문제는 없는지를 확인하고, 또 빈혈이 생기는 다른 원인인 만성 설사나 위장장애가 있는지 확인해야 합니다. 그리고 반복되는 코피처럼 본인이 인지하지 못하는 출혈이 있는지도 확인해야 합니다.

특히 짜장면 색깔 같은 대변을 본다면 위장관(위, 소장, 대장)에서의 출혈을 의심해야 하므로 반드시 병원을 방문하여 의사와 상담하여야 합니다.

철결핍성 빈혈은 철분제를 복용하면 수일 내 증상이 호전되고 몸이 좋아지는 것을 알 수 있습니다. 그런데 철분제를 복용했을 때 증상의 호전이 없는 경우는 철겹핍성 이외의 빈혈을 의심할 수 있습니다. 이런 경우에도 정확한 원인 파악과 치료를 위해 병원을 방문하여야 합니다.

•

빈혈 치료 시 주의할 점은 무엇인가요?

학생들에게 가장 흔한 철결핍성 빈혈의 첫 번째 치료법은 철분제의 복용입니다. 철분제를 규칙적으로 복용하면 쉽게 치료되지만, 종종 치료가 어려울 때도 있습니다. 대부분 철분제를 먹고 속쓰림과 변비가 생겨서 스스로 복용을 중단하는 경우입니다.

철분제는 공복에 먹으면 더욱 효과가 좋으나 속쓰림, 변비 등으로 복용이 힘든 경우에는 식후에 복용하는 것도 괜찮습니다. 우유와 치즈는 철분제 흡수를 방해하므로 시간 간격을 두고 먹거나 피하는 것이 좋고, 오렌지 주스는 철분 흡수를 도와주므로 함께 먹으면 좋습니다.

•

빈혈 예방을 위해 부모가 해야 할 일은 무엇일까요?

철분은 장으로 흡수가 잘 안 되는 영양소입니다. 평소에 철분이 많이 포함된 음식을 섭취하지 않는다면 빈혈이 생기기 쉽습니다. 빈혈 예방을 위해서는 철분이 많은 식품을 골고루 잘 먹는 것이 중요합니다.

철분이 많은 음식으로는 계란 노른자가 있습니다. 성인들 중에는 콜레스테롤을 걱정해 노른자를 먹지 않는 분도 있지만 성장기의 소아청소년들에게는 정말 좋은 음식입니다. 계란 노른자에 포함된 비타민

C는 철분의 흡수를 도와줍니다.

소고기와 돼지고기 같은 붉은빛이 도는 고기에도 철분이 많습니다. 고기에 포함된 풍부한 단백질과 철분은 특히 성장기 청소년들의 발육에 도움이 됩니다.

최근 불고 있는 채식 열풍을 보고, 부모들이 자녀들의 육류 섭취를 제한하는 경우도 있습니다. 하지만 성장기 소아청소년에게 육류는 필수영양소를 풍부하게 섭취할 수 있는 중요한 식품입니다.

또한 호두, 잣, 아몬드 같은 견과류도 철분과 불포화지방산이 풍부해 콜레스테롤 걱정 없이 성인들도 함께 먹을 수 있는 건강식품입니다.

•

감기에 걸리면 빈혈이 생길 수도 있다고요?

만성 질환(암, 결핵, 만성신부전 등)이 있는 소아청소년 자녀를 둔 부모들은 자녀들에게 빈혈이 생길 수 있다는 것을 알고 계속 체크를 하기도 합니다.

하지만 급성 질환(감기, 기관지염, 폐렴, 장염 등)으로 철결핍이나 빈혈이 생길 수 있다는 것을 모르는 분들이 많습니다. 감기나 장염 등은 소아청소년기에 누구나 한 번쯤은 걸리게 되는데, 이런 흔한 질환이 빈혈이나 철결핍을 일으킬 수도 있습니다.

물론 영양 섭취를 잘 하고 건강관리를 잘 한다면 급성 질환 이후의 빈혈이나 철결핍으로부터 쉽게 회복할 수 있지만, 평소 영양 섭취나 건강관리가 부실했다면 빈혈이 생기고 꽤 오래 지속될 수 있습니다. 급성 질환 이후에도 충분한 영양 섭취를 하고, 회복 기간에는 빈혈이 발생하지 않도록 부모의 관심과 관찰이 필요합니다.

•

빈혈 때문에 어지러워요!

빈혈 때문에 병원에 오는 청소년들 중에는 어지럼증을 일단 빈혈이라고 표현하는 학생들이 꽤 많습니다.

그럼 정말 빈혈이 있으면 어지러울까요? 이것은 절반은 틀리고 절반은 맞는 말입니다. 빈혈이 있으면 어지러울 수도 있고 어지럽지 않을 수도 있습니다. 빈혈은 어지럼증이 동반될 수도 있지만 보통 심한 빈혈일 때 그렇습니다. 만성 빈혈의 경우에는 몸이 빈혈에 적응해 어지럼증 등의 증상이 급성에 비해 적게 나타납니다.

보통 학생들이 어지러움을 호소할 때는 급성 감염으로 열이 나거나 두통이 있거나, 기립성 저혈압 등 다른 질환이 원인일 가능성이 높습니다.

어지럽다고 모두 빈혈이라고 생각하지 말고 다른 원인도 찾아보는 것이 중요합니다.

빈혈 예방을 위해서는 철분이 많은 식품을 골고루 잘 먹는 것이 중요합니다.

 **부모를 위한 Tip**

빈혈 증상으로 힘들어하는 자녀가 있다면,

1. 자녀가 평소 얼굴이 창백하거나, 쉽게 피로를 느낀다면,
   자녀의 식습관(심한 다이어트), 대변 색깔의 변화(짜장면 색과 같은 검은색), 여학생이라면 과다 생리인지를 확인해야 합니다. 위의 증상들이 있다면, 병원을 찾아 빈혈 여부를 확인하는 것이 좋습니다.

2. 소아청소년은 빈혈 예방을 위해 철분이 많이 든 음식을 정기적으로 섭취해야 합니다.
   특히 계란 노른자와 육류에는 풍부한 철분이 포함되어 있습니다. 자녀에게 편식을 하지 않도록 교육하고 건강을 위해 견과류를 비롯한 다양한 음식을 골고루 섭취하도록 지도합시다.

올해 초등학교 2학년인 A는 아토피 피부염이 심합니다. 아토피 피부염 진단을 받은 게 5년 전입니다. A의 부모님은 아토피 치료에 도움이 된다는 음식과 바르는 오일 등 좋다고 하는 건 다 해봤지만 잠시 좋아졌다가도 다시 심해지는 일이 반복됐습니다. 보통 건조한 겨울철에 아토피가 심해지고 여름이 되면 다시 나아지는데, 운동을 하거나 더워서 땀을 많이 흘리게 되면 아토피가 더 심해지기도 합니다.

지난 여름에는 가려움을 못 참고 긁다가 염증이 생기고 농가진으로 변해 한참을 고생했습니다. 가려움 때문에 잠도 푹 자지 못하고 피가 날 정도로 긁어서 아침에 덧난 상처를 볼 때면 깜짝 놀라기도 합니다. 너무 많이 긁은 데는 이미 색깔이 거뭇거뭇하게 변했습니다.

이 때문에 A는 친구들이 놀릴까 봐 학교에 가기 싫다고 아침마다 엄마에게 투정을 부립니다.

7. 아토피 피부염 때문에
가려워요

아토피 피부염은 만성 재발성 피부염입니다. 잘 낫지 않고 계속 재발하는 것이 특징입니다. 아토피 피부염을 가진 환자는 대부분 가족력이 있어 부모 형제 중에 아토피 피부염, 천식, 알레르기 비염이 있는 사람이 많습니다. 아토피 피부염이 있는 사람들은 굉장히 건조한 피부를 가진 경우가 많고 가려운 피부 발진이 생깁니다. 아토피는 증상만으로는 진단하기 어려운 병으로, 반복되는 양상을 의사선생님에게 잘 말씀드리는 것이 중요합니다. 진단을 위해서 여러 번의 진찰이 필요할 수 있습니다. 또한 아토피 피부염은 주로 5세 이전에 발생하지만 경우에 따라서는 성인이 되어서도 생길 수 있습니다.

아토피 피부염, 천식, 알레르기 비염은 아주 연관성이 높은 질환들입니다. 아토피 소인을 가진 아이들이 점점 자라면서 알레르기 질환들이 형태를 바꿔가며 나타나는 것을 '알레르기 행진'이라고 말하기도 합니다.

영유아기 아토피 피부염을 가진 환아가 소아기에

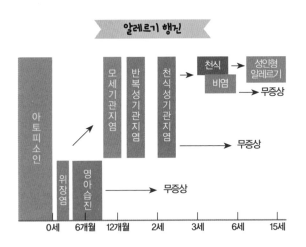

는 모세기관지염을 자주 앓고, 자라면서는 천식이나 알레르기 비염을 앓는 경과를 보입니다. 또 어떤 환아는 영유아기에는 습진처럼 나타나는 아토피 피부염, 시간이 지나면 음식 알레르기 증상, 시간이 더 지나면 천식 증상이 나타나고 마지막에는 알레르기 비염이 되는 경과를 보입니다.

이러한 경과는 환자에 따라 조금씩 다르지만, 동시에 나타날 수도 있습니다. 아토피 환자에게 천식이 동반되거나 알레르기 비염이 동반되는 등 여러 형태를 보이기도 합니다. 이러한 아토피 피부염, 천식, 알레르기 비염은 각각 별개의 병으로 생각하기보다 몸에 나타나는 알레르기 반응이 형태를 바꿔가며 나타나는 것으로 생각하는 것이 좋습니다.

•

아토피 피부염의 증상은 어떤 것이 있나요?

아토피 피부염 초기에는 심한 가려움증이 생길 수 있고, 붉은색을 띠는 발진과 흔히 진물이라고 부르는 장액성 삼출액 등을 보이기도 합니다. 시간이 조금 지나면 하얀 각질(낙설구진)이 생기고 시간이 더 지나면 피부가 두터워집니다. 아토피 피부염은 일반적으로 병의 경과와 연령에 따라 발진이 주로 생기는 부위가 아래 그림처럼 차이가 있습니다.

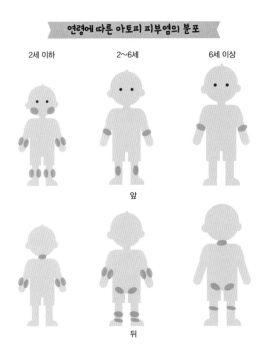

연령에 따른 아토피 피부염의 분포

2세 이하   2~6세   6세 이상

앞

뒤

•

아토피 피부염은 한 번에 치료 가능한가요?

아토피 피부염의 치료는 정확한 진단과 평가가 중요합니다. 환자마다 증상의 정도(경증, 중등증, 중증)가 다양하므로 단계적으로 치료 계획을 세우고 실행해야 합니다.

첫 번째, 아토피 피부염은 건조한 피부를 가지는 질환이므로 피부 보습이 필수적입니다. 불포화지방산이 있는 오일을 많이 사용하는데 대표적인 것으로 달맞이꽃 종자유, 허브오일, 포도씨오일, 넛트오일, 동백유 등이 있습니다. 그리고 피부 상태에 따라 보습제를 선택하는데 수분 함량을 고려하여 로션, 크림, 연고를 선택하여 사용합니다. 로션이 수분 함량이 가장 많고 연고가 가장 적습니다. 그리고 목욕 직후 몸에 물기가 마르기 전에 보습제를 사용하는 것이 좋습니다.

두 번째, 목욕 시에는 비누나 세정제를 적당량으로 가볍게 쓰고, 비누나 세정제는 중성이나 약산성 제품을 선택하는 것이 좋습니다.

세 번째, 약물 치료에는 스테로이드 연고, 칼시뉴린 억제제 연고 등과 항히스타민제, 프로바이오틱스 등을 사용하기도 합니다. 약물 치료 시 부모 임의로 연고 등을 사용하지 말고 소아청소년과 전문의와 상의하여 적절한 약물을 사용하도록 합니다.

네 번째, 아토피 피부염에 좋다는 여러 민간요법이 있지만, 아직까지 과학적으로 증명된 것은 없습니다. 정확한 정보 없이, 부모가 잘못된 치료를 해 자녀의 아토피 피부염이 심해지거나 피부에 심한 상처와 트러블이 발생하는 경우가 많습니다. 아토피 피부염은 한 번의 치료로 좋아지는 질환이 결코 아닙니다.

좋아졌다 나빠졌다를 반복하는 질환임을 알고, 적절한 치료을 하는 것이 바람직합니다. 잘못된 정보와 방법으로 자녀들의 아토피 피부염을 더 심하게 만드는 일이 없기를 바랍니다.

**아토피 피부염이 있는 자녀를 둔 부모가
신경 써야 할 것은?**

아토피 피부염 환자는 새 옷을 사서 바로 입지 말고 세탁한 후 입는 게 좋습니다.

세탁 후 세제가 옷에 남아 있는 경우도 피부에 좋지 않으므로 되도록 가루세제보다는 액체세제를 쓰고 깨끗한 물로 2번 이상 헹구는 것이 바람직합니다.

간혹 특정 음식이 아토피 피부염을 악화시킬 수 있지만 개인별로 악화시키는 음식이 모두 다르기 때문에, 알레르기를 잘 일으키는 식품이라고 해서 모든 음식을 자녀에게 임의로 제한해서는 안 됩니다. 병원을 방문하여 피부반응검사와 혈액검사 등을 통해 정확한 알레르기 음식을 구분하고 소아청소년과 전문의와 상의하여 식품을 제한할지 여부를 신중하게 결정해야 합니다.

또한 집먼지진드기 방지용 커버로 이불, 베개, 매트리스를 덮으면 도움이 되고, 침구류는 일주일에 1회

뜨거운 물로 세탁하는 것이 좋습니다.

아토피 피부염 환자는 피부가 약해진 상태여서 농가진, 헤르페스바이러스 감염, 모낭염, 국소림프절염 등이 동반되기 쉽습니다. 이러한 합병증이 생기면 이에 따른 추가 치료가 필요하니 방치하지 말고 즉시 병원을 방문하시기 바랍니다.

•

아토피 피부염이 심한데 락스 물로 목욕을 하라고요?

아토피 피부염은 환자에게 락스 물로 목욕하라는 말이 얼토당토않은 이야기로 들릴지 모릅니다. 하지만 이는 미국, 유럽, 오세아니아 등 서구에서 많이 쓰이는 치료법 중 하나입니다. 정확하게 말하면 이 방법은 아토피 피부염을 낫게 하는 치료가 아니라 피부에 있는 세균을 살균하여 2차 감염을 예방하는 방법입니다. 정확한 명칭은 블리치 목욕bleach bath으로 락스(차아염소산 나트륨)를 0.005%로 희석한 물에 10~15분간 얼굴만 남기고 몸을 푹 담그는 방법입니다. 락스가 약 5% 정도의 농도라 한다면 물 200L에 락스 약 200ml 정도를 넣어 희석할 때 0.005%가 만들어집니다. 보통 욕조 절반에 1/4컵, 욕조 가득 찬 물에 1/2컵가량 넣으면 비슷한 농도가 됩니다. 위 방법으로 일주일에 2~3회 목욕하면 심한 아토피 피부염 때문에 농가진이 생기고 계속 긁어 피와 진물이 흐르는 아이들에게 효과를 볼 수 있습니다. 이 방법은 락스의 정확한 농도를 맞추는 것이 중요합니다. 고농도의 락스에 장시간 노출되면 피부에 손상을 줄 수 있으니 사용 전후 락스 관리에 주의가 필요합니다.

·

영아 지루 피부염을 놔두면 아토피 피부염으로 변하나요?

영아 지루 피부염을 놔두면 아토피 피부염으로 변하는지 궁금해하는 부모들이 많습니다.

지루 피부염과 아토피 피부염은 생긴 모양은 비슷하지만 전혀 다른 질환입니다. 특히 영아 지루 피부염은 시간이 지나면 자연적으로 호전되는 경우가 대부분이기 때문에 큰 걱정을 하지 않으셔도 됩니다. 어렸을 때 영아 지루 피부염이 있었는데 지금 아토피 피부염으로 변했다는 분은 지루 피부염이 아토피 피부염으로 변했다기보다는 아토피 피부염을 지루 피부염으로 잘못 알았거나 또는 지루 피부염과 아토피 피부염이 동시에 있었을 가능성이 높습니다.

아토피 피부염 환자는 새 옷을 사서 바로 입지 말고 세탁한 후 입는 게 좋습니다.

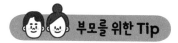 **부모를 위한 Tip**

아토피 피부염으로 고생하는 자녀가 있다면,

1. 자녀의 피부 보습에 많은 신경을 써야 합니다.

잠자기 전에 로션을 한 번 발라주는 것으로 끝나는 것이 아니라 지속적으로 자녀의 피부 상태를 확인해 보습을 해야 증상이 악화되는 것을 막을 수 있습니다.

2. 피부 증상이 심한 자녀는,

농가진, 헤르페스바이러스 감염, 모낭염, 국소림프절염 등 2차 감염이 생기기가 쉬우므로, 이러한 증상이 동반되면 즉시 병원을 방문하시기 바랍니다.

3. 아토피 피부염은 만성 질환입니다.

한 번에 치료할 수 있는 방법은 현재 없습니다. 특히 민간요법이나 검증되지 않은 방법으로 아토피 피부염을 치료하려고 하다가 자녀에게 더 큰 고통을 가져다줄 수 있으니 의학적으로 입증된 적절한 치료를 받으시길 바랍니다.

콧물이 줄줄 흘러요!

오늘도 초등학생 A는 코막힘으로 하루를 시작합니다.

"A야, 너는 왜 이렇게 심하게 코를 고니?"

옆방에서 잔 누나가 코 고는 소리 때문에 잠을 설쳤다고 투덜거립니다. "네가 코를 골다가 숨을 안 쉬어서 깜짝 놀랐어." 라며 엄마도 걱정합니다. 코가 막혀서 입으로 숨 쉬다 보니 목이 따갑고 밥맛도 없어 아침밥을 먹는 둥 마는 둥 하고 학교에 갔습니다.

수업시간이 되자 A의 코에서 맑은 콧물이 줄줄 흐릅니다. 콧물을 연거푸 닦다가 훌쩍 들이마시기도 합니다. 할 수 없이 휴지를 말아 코를 막습니다. 그 탓에 수업에도 집중이 잘 안 됩니다. 점심시간이 지나자 쏟아지는 잠에 어느새 꾸벅 졸고 맙니다. 어젯밤에 분명히 일찍 잠자리에 들었는데도 불구하고 하루 종일 피곤합니다.

엄마는 A의 심해지는 비염 증상을 치료하고자 병원을 방문해 자라면서 저절로 좋아질 줄 알았는데 호전되지는 않고, 점점 심해져서 병원을 찾았다고 말합니다. 의사선생님은 비염 증상을 조절하는 약으로 먹는 약과 코에 뿌리는 약이 있다고 설명했습니다.

그 후 A는 코에 뿌리는 약을 정기적으로 사용하면서 생활이 활기차졌습니다. 예전에는 비염 때문에 하는 일마다 짜증나고 신경질이 났는데 이제는 즐겁게 취미생활도 할 수 있고 친구들과 재미있게 놀기도 하고, 수업시간에도 콧물 걱정 없이 공부에 집중할 수 있게 되었습니다.

8. 비염 때문에
집중이 안 돼요

코막힘과 콧물로 인한 불편함은 말로 표현하기가 힘들 정도로 학생들에게 큰 고통을 줍니다. 비염이 심하면 학업은 물론이고 식사, 잠, 운동, 취미 모든 생활에 악영향을 끼칩니다. 자녀에게 비염이 있다면 더 심해지기 전에 적절한 치료가 필요합니다.

비염이란 쉽게 말해 콧속 점막에 염증이 생기는 것을 말합니다. 여러 종류의 비염 가운데, 학생들에게 가장 흔하면서 잘 치료되지 않는 것이 알레르기 비염입니다.

알레르기 비염은 꽃가루, 곰팡이, 집먼지진드기, 애완동물의 털이나 분비물 등에 의해 쉽게 악화됩니다. 꽃가루나 곰팡이, 집먼지진드기 등에서 나온 알레르겐(알레르기를 일으키는 물질)이 공중에 떠다니다 우리가 숨을 쉴 때 코 점막에 붙어 알레르기 반응을 일으키고, 그 결과 콧물과 코막힘이 생깁니다.

알레르기 비염이 있는 아이는 코가 가려워 코를 잘 후비는데, 그래서 코피가 나기도 합니다. 또 코를 자주 비벼 콧등에 잔주름이 있거나 흔히 다크서클이라고 말하는 눈 밑이 약간 검게 보이는 현상(allergic shiner)이 있을 수 있습니다. 비염으로 인한 콧물과 코막힘은 심한 경우 두통까지 동반하고, 공부에 집중해

야 할 자녀들의 학습 능률을 저하시키는 데다가 수면장애까지 가져올 수 있기 때문에 비염은 학생들에게 몹시 괴로운 질환입니다.

알레르기 비염은 어떻게 치료하나요?

예전에는 비염약이 졸음을 유발해 학생들이 약을 잘 먹지 않는 경우가 있었습니다. 약을 먹지 않으면 콧물, 코막힘 때문에 힘들고 약을 먹으면 졸음이 생겨 힘들어했으나, 최근에는 졸음이 없는 약도 많이 있어 걱정하지 않아도 됩니다. 또한 코 안에 직접 뿌리는 약도 있으니 자신에게 맞는 치료를 선택하면 됩니다.

의사가 처방하는 국소 스테로이드 계통의 약은 흡수량이 적어서 부작용도 적고 좋은 효과를 볼 수 있지만, 약국에서 의사 처방 없이 구입할 수 있는 코 점막을 수축시키는 계통의 약은 주의가 필요합니다. 이 약을 임의로 사용하게 되면 처음에는 효과가 좋은 듯 보여도, 반작용이 생겨 나중에 비염이 더 나빠질 수 있습니다.

알레르기 비염의 예방을 위해서 할 일은?

알레르기 비염의 악화를 막는 최선의 방법은 알레르기를 일으키는 물질을 피하는 것입니다. 하지만 알레르기를 일으키는 물질의 종류가 너무 많고 대부분은 완전히 피할 수 없는 것들입니다. 그래도 예방에 도움이 되는 방법이 있습니다.

첫 번째로, 알레르기 비염의 가장 흔한 원인인 집먼지진드기는 60도 이상의 뜨거운 물로 이불을 세탁해 없애는 것이 가장 좋은 방법입니다. 세탁을 매일 하기는 어렵기 때문에, 일주일에 1번 정도 세탁하고 햇볕이 좋은 날에 일광소독을 하는 것이 좋은 대안이 될 수 있습니다. 일광소독으로 집먼지진드기를 100% 없앨 수는 없지만, 이불을 털고 햇볕에 말리면 자외선과 건조해진 환경이 집먼지진드기를 살기 어렵게 합니다.

두 번째는 꽃가루, 황사, 미세먼지 같은 환경물질의 예방입니다. 꽃가루, 황사, 미세먼지는 집 안에서

만 생활하는 게 아니라면 100% 막을 수가 없습니다. 꽃가루나 미세먼지가 심한 날에는 야외활동을 최소한으로 줄이는 것이 중요하고, 어쩔 수 없이 나가야 할 때는 KF80 이상의 황사 마스크를 쓰는 것이 도움이 됩니다. 그리고 실내에서도 헤파필터(공기 중의 미립자를 여과하는 고성능 장치)가 있는 공기 청정기를 사용하는 것이 좋습니다.

세 번째, 애완동물에 의해 발생하는 알레르기 비염의 예방입니다. 이는 애완동물을 키우는 이상 해결하기 어려운 문제이기도 합니다. 철저한 환기와 청소만이 알레르기를 예방할 수 있습니다. 애완동물의 털이 날리지 않게 잘 씻겨주고 다시 털이나 알레르기 물질이 날리지 않도록 헤파필터가 달린 청소기로 청소를 해주면 도움이 됩니다.

•

소금물로 코를 세척하면 비염이 낫는다?

소금물로 코를 세척하면 비염이 낫는다고 생각하

는 분들이 많습니다. 하지만 이는 절반만 맞는 내용입니다. 소금물이 아닌 생리식염수로 코를 세척해야 합니다. 생리식염수와 소금물이 무슨 차이가 있냐고 말할 수 있겠지만 생리식염수는 우리 몸의 체액의 농도와 동일하게 만든 액체입니다. 따라서 소금물로 코를 세척하기 위해서는 생리식염수와 같은 농도를 맞춰야 하며, 그렇지 않으면 코 안을 세척할 때 통증이나 이물감이 생길 수 있습니다.

또한 소금에는 비위생적이고 깨끗하지 않은 성분이 포함된 경우가 있어 비염을 악화시킬 수 있습니다. 코 안을 세척하고 싶다면 약국에서 쉽게 구할 수 있는 생리식염수를 권합니다. 그리고 코 세척은 코에 있는 알레르기 물질을 씻어주는 역할을 하는 예방법으로 볼 수 있습니다. 즉, 코 세척이 비염을 낫게 하는 치료법은 아니라는 것입니다.

 **부모를 위한 Tip**

비염이 있는 자녀가 있다면,

1. 콧물, 코막힘으로 힘들어하는 자녀가 있다면,
가까운 병원을 방문하여 알레르기 항원 검사를 할 수 있습니다. 알레르기 항원 검사를 통해 알레르기 원인 물질이 무엇인지 정확하게 확인한 후, 집에서 그 원인 물질을 제거하고 밖에서는 그 원인 물질을 회피하도록 교육하는 것이 비염 예방의 가장 좋은 방법입니다.

2. 주기적으로 집 안을 청소해야 합니다.
특히 카페트, 이불 등 집먼지진드기가 생기기 쉬운 섬유류의 세탁을 자주 해서 알레르기를 일으키는 원인 물질을 제거하도록 합니다.

3. 심한 비염 증상 때문에 약물 복용이 필요한 자녀가 있다면,
가까운 병원을 방문해서 의사와 상담하시기 바랍니다.

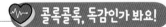

고등학교 3학년인 A는 이제 수능이 2주도 채 남지 않아 마음이 불안합니다. 하지만 이때까지 해왔던 대로 끝까지 최선을 다하기로 다짐하고 잠자는 시간, 식사 시간도 줄여가며 막바지 준비를 하고 있었습니다.

10월 말이 되어 날씨가 쌀쌀해지니 야간자율학습 시간에 서서히 기침 소리가 들리기 시작했습니다. 콜록콜록 기침 소리는 둘째 치고, 고열과 몸살로 학교에 나오지 못하는 친구가 생겼습니다. 수능을 앞둔 지금 아프면 큰일이라는 생각에 A도 감기를 조심했지만, 며칠 후 결국 심한 몸살 증상으로 아침에 일어날 수가 없었습니다. 목도 따갑고, 온몸은 두들겨 맞은 듯 아프고 두통과 기침도 있었습니다. 엄마가 체온계로 A의 체온을 재어보니 열이 40도에 이릅니다.

아침 일찍 병원에 갔는데, 의사선생님 말로는 올해 독감이 조금 빨리 유행해서 11월 초인데도 환자가 많다고 합니다. A도 검사를 해보니 독감으로 판명되었습니다. 학교에서는 독감의 경우 전염성이 높아 집에서 격리를 하고 자율학습을 해야 한다고 합니다.

A는 수능이 며칠 남지 않았는데, 몸이 아파서 제대로 공부도 못하고 심지어 학교에도 못간다는 생각에 억울하고 서러워서 눈물이 났습니다.

9. 감기와 독감은
다른 건가요?

우리가 잘 알고 있는 감기는 콧물, 기침, 발열, 인후통 등을 일으키는 병의 증상을 일컫는 것으로 흔히 리노바이러스, 코로나바이러스 등에 의해 발생하는 것으로 알려져 있습니다. 그에 비해 독감은 인플루엔자바이러스에 감염되어 걸리는 감염병으로 일반 감기와는 다릅니다.

독감은 감기와 비슷하게 기침, 콧물, 발열 등의 증상이 모두 생길 수 있지만 감기보다 매우 심한 증상을 보이는 것이 특징입니다. 독감은 증상이 심할 뿐 아니라 합병증도 잘 일으키는 것으로 알려져 있습니다. 가장 흔한 합병증으로는 폐렴, 중이염, 부비동염 등이 있고 때로는 근육염, 심근염 등 심각한 합병증을 동반하기도 합니다.

2009년 우리나라에서 유행한 신종플루 사태를 보더라도, 독감이 크게 유행하면 개인의 문제를 넘어 전 국가적인 사태로도 번질 수 있습니다. 고위험군(영유아, 소아, 임산부, 노인, 심폐기능이 떨어지는 환자, 면역결핍자 등)뿐만 아니라 공부를 하는 자녀들도 필수로 독감예방접종을 받기를 권합니다.

•

독감은 어떻게 치료하나요?

건강한 사람의 경우, 독감에 걸려도 대증 치료(증상에 따른 치료)만 하더라도 완쾌되는 경우가 많습니다. 하지만 위에서 언급한 고위험군은 심각한 합병증이 생기거나 사망률이 높아질 수 있어 예방접종 등을 통해 미리 예방해야 하고 만약 독감에 걸렸다면 항바이러스제 치료를 고려해봐야 합니다. 가장 흔하게 사용하는 항바이러스제는 오셀타미비르로 흔히 타미플루라고 부르는 약이 있습니다. 적절한 항바이러스제 사용은 독감의 발열 기간을 줄여주고 합병증도 줄여줍니다. 자녀들이 독감에 걸렸다면 소아청소년과 전문의와 상의하여 적절한 치료법을 선택하는 것이 중요합니다.

•

독감은 어떻게 예방할 수 있나요?

가장 효과적인 예방법은 매년 가을마다 독감예방접종을 하는 것입니다. 독감은 겨울에 주로 발생하는데 가을에 접종을 해야 하는 이유는 주사를 맞았다고 해서 우리 몸에 바로 항체가 생기고 면역력이 생기는 것이 아니기 때문입니다. 독감은 빠르면 11월부터 시작해 늦게까지는 다음 해 4~5월까지 유행합니다. 따라서 유행 시기를 고려하여 이르면 9월 말부터 늦어도 10월 말까지 미리 독감예방접종을 하는 것이 좋습니다.

그리고 개인위생에 신경을 써야 합니다. 외출 후 손 씻기는 매우 잘 알려진 예방법입니다. 2011년에 시행된 손 씻기 실태조사보고서에 의하면 '올바른 손 씻기 운동'에 대해 거의 대다수(96.3%)가 알고 있는 것으로 조사되었습니다. 그러나 전국의 학부모를 대상으로 한 설문 조사에서는 자녀에게 손 씻기 교육을 한다는 응답자는 약 59%, 교육을 하지 않는다는 응답자는 약 40%였습니다. 또한 외출 후 손 씻기 실천율은 약 57%로 아직 많은 사람들이 손 씻기를 잘 하지 않는 것으로 나타났습니다. 부모는 자녀에게 자주 손을 씻는 모범을 보이고, 자녀에게 손 씻기를 통해 얻는 효과와 손 씻기의 중요성을 같이 교육하는 것이 자녀의 개인위생 향상에 도움이 될 것입니다.

마지막으로 독감 유행 시기에는 마스크를 사용하는 것이 좋습니다. 독감은 비말전염(감염자가 기침이나 재채기를 할 때 침 등의 작은 물방울에 바이러스·세균이 섞여 나와 타인에게 감염시키는 것)이 되는 감염병으로 타인의 기침과 재채기로 인하여 주로 감염이 됩니

다. 따라서 마스크를 사용하여 타인의 기침과 재채기 등에 노출되는 것을 막으면 독감 예방에 많은 도움이 됩니다.

•

독감예방접종을 해도 독감에 걸리던데요?

독감예방접종을 한 후에도 독감에 걸렸다면 몇 가지 상황을 생각해볼 수 있습니다.

첫 번째로 내가 걸린 독감의 종류와 독감예방접

종 시 맞았던 백신이 완전히 다른 경우입니다. 독감은 종류가 하나만 있는 것이 아니라 독감 바이러스에 따라 여러 종류로 나뉘게 됩니다. 독감예방접종에 사용되는 백신은 세계보건기구에서 그해 겨울에 유행할 독감을 미리 예측하고 이를 참고하여 만드는 것입니다. 미리 예측하고 만든 독감예방접종에 지금 유행하고 있는 독감에 대한 백신이 포함되지 않았다면 독감예방접종을 해도 독감에 걸릴 수 있습니다. 가장 대표적인 예가 2009년 신종플루로, 당시 독감예방접종에 신종플루에 대한 백신이 포함되어 있지 않아 전국적으로 신종플루가 유행했습니다.

두 번째로, 예방접종을 했지만 우리 몸에서 항체가 생기지 않은 경우입니다. 하지만 이러한 경우는 드물며, 예방접종 후 항체의 생성 여부를 잘 알 수 없다고 해서 예방접종을 하지 않는 것은 좋지 않습니다.

 **부모를 위한 Tip**

독감에 안 걸리게 하기 위해서는,

1. 개인위생을 철저히 하도록 교육합니다.

외출 후 꼭 손을 씻도록 교육하고 부모가 먼저 모범을 보입시다. 그리고 독감이 유행하는 시기에는 외출 시 꼭 마스크를 사용할 수 있도록 합시다.

2. 자녀에게 매년 가을마다 독감예방접종을 해줍니다.

예방접종은 독감을 예방할 수 있는 가장 좋은 방법입니다. 잊지 말고 가까운 병의원에 가서 독감예방접종을 하기 바랍니다.

3. 충분한 휴식, 꾸준한 운동, 그리고 적절한 영양이 필요합니다.

평소 건강을 유지할 수 있도록 자녀에게 충분한 휴식을 취하게 하고, 꾸준한 운동으로 신체 면역력을 향상시키도록 합시다. 또한 성장기의 자녀가 적절한 영양을 섭취할 수 있도록 도와줍시다.

중학교 3학년인 A와 부모님은 매우 건강한 편입니다. 그런데 갑자기 이틀 전부터 몸에서 열이 나고 밥맛도 없고 두통이 생겨 학교 수업을 제대로 받을 수 없었습니다. 그날 밤부터 얼굴과 몸에 빨갛게 발진이 생기더니 군데군데 눈물 모양처럼 물집이 잡히기 시작했습니다. 이틀 후 물집이 고름처럼 변하고 몸에서 고열이 나면서 온몸이 가렵기 시작하였습니다.

다음 날 A와 부모님은 걱정이 되어 병원을 방문하였습니다. 의사선생님은 A가 전형적인 수두에 걸린 것이라 말씀하셨습니다. 수두는 나이를 불문하고 걸릴 수 있는 병이라고 설명해주고, 수두 환자나 대상포진 환자를 만난 적이 있냐고 물어보았습니다. 2주 전 할아버지댁을 찾았는데, 할아버지가 옆구리가 너무 아프다고 해서 만져보니 물집이 잡혀 있었고, 나중에 할아버지가 병원에서 대상포진 진단을 받았던 일이 있다고 말씀드렸습니다. 의사선생님은 대상포진은 전염력이 낮지만 수두 면역력이 없는 사람이 대상포진 수포를 직접 만지거나 대상포진 환자와 접촉이 있을 경우 수두 바이러스가 전염될 수 있다고 설명해 주었습니다. 그리고 엄마에게 A의 예방접종력을 물어보았습니다. 대기업 주재원인 아빠를 따라 어렸을 때 외국에서 살면서 필수 예방접종을 많이 빠트린 것이 이번 수두 감염의 원인이었습니다. 그리고 의사선생님은 수두의 경우는 어릴 때 걸리는 것보다 A처럼 중고등학생 때 걸리면 훨씬 심하게 앓을 수 있다는 말씀도 해주었습니다.

A의 경우 수두 증상이 심해 항바이러스제도 같이 먹기로 하고, 다른 친구에게 옮기지 않도록 당분간 학교에 가지 않고 집에서 격리하면서 치료하기로 하였습니다.

10. 예방접종은
꼭 해야 할까요?

예방접종은 우리 자녀들을 감염병에서 자유롭게 해주는 가장 효과적인 방법으로 대부분 사람과 사람 간에 전파되는 감염병들을 예방해줍니다.

만약 예방접종을 하지 않아 자녀들이 감염병에 걸리게 되면 회복하는 데 상당한 시간이 필요합니다. 또한 이러한 법정 감염병은 다른 사람에게 옮길 수 있어 자녀들은 학교에 등교를 할 수 없습니다. 정상적으로 공부를 다시 시작하는 데도 많은 시간이 걸릴 수 있습니다.

●

꼭 필요한 예방접종에는 무엇이 있나요?

현재 우리나라는 국가에서 필수 예방접종을 시행하고 있습니다. '어린이 국가예방접종 지원사업'은 감염병 예방을 위해 가까운 병의원 또는 보건소에서 예방접종 서비스를 무료로 받을 수 있는 사업입니다. 국가예방접종 대상은 만 12세 이하 어린이로 2017년 현재 17종 백신을 제공하고 있습니다. 여기에서는 우리 자녀들에게 꼭 필요한 예방접종에 대해 간단히 알아보겠습니다.

1. **BCG(결핵)**: 최근 산후조리원이나 신생아실에 근무하는 의료인에게 결핵이 진단되어 사회적으로 큰 문제가 된 것을 뉴스에서 본 적이 있을 것입니다. BCG는 모든 결핵을 예방할 순 없지만 심한 결핵(결핵수막염, 속립결핵)을 어느 정도 예방해줄 수 있다고 알려져 있습니다.

2. **B형 간염**: B형 간염은 이 바이러스에 감염 후 만

성화되면 간암으로 변할 수 있는 무서운 질병이며 일반적으로 3번의 예방접종으로 예방 가능한 질병입니다.

3. DTaP, IPV, Hib(디프테리아/파상풍/백일해, 소아마비, B형 헤모필러스 인플루엔자): 디프테리아, 파상풍, 백일해 예방접종으로 최근에는 소아마비와 B형 헤모필러스 인플루엔자를 한꺼번에 예방할 수 있는 예방접종이 개발되었습니다.

4. MMR(홍역/유행성이하선염/풍진): 홍역, 유행성이하선염(볼거리), 풍진 예방접종입니다. 최근에는 높은 접종률로 많이 발생하지 않으나 산발적으로 유행하기도 합니다. 특히 홍역의 경우 전염력이 매우 강력하여 홍역 면역력이 없는 사람은 홍역에 걸린 사람에게 노출되었을 경우 90% 이상 감염된다고 알려져 있습니다. 따라서 자기뿐만 아니라 다른 사람을 위해서도 접종을 해야 합니다. 풍진의 경우 여성에게 필수 예방접종이며 임신 중 풍진에 걸리게 되면 태아에게 문제가 발생할 수 있으므로 여학생의 경우 미리미리 접종을 해서 풍진에 대한

면역력을 가지는 것도 좋은 예방법입니다.

5. **일본뇌염**: 모기를 통해 전염되는 병으로 우리나라에서도 해마다 감염자와 사망자가 나오는 질환입니다.

6. **수두**: 최근 대부분 아이들이 수두 예방접종을 하여 경미한 수두는 간간이 발생하지만 심한 형태의 수두 발생은 흔하지 않습니다. 하지만 예방접종을 하지 않은 청소년들에게는 심한 형태의 수두 증상이 나타날 수 있습니다.

7. **폐렴구균**: 폐렴, 급성 중이염, 급성 부비동염 등의 가장 흔한 원인균으로 어린 자녀들에게 반드시 필요한 예방접종입니다.

8. **인플루엔자**: 흔히 독감예방주사라고 불리는 예방접종입니다. 1948년부터 세계보건기구에 국제적 인플루엔자 감시 네트워크가 확립되면서 다음 절기에 유행할 독감을 예측하여 매년 가을에 예방접종을 시행합니다.

9. **A형 간염**: 급성 간염으로, 발생 시 심한 황달, 복통, 발열 등의 증상이 나타날 수 있습니다.

10. HPV(사람유두종바이러스): 자궁경부암을 예방할 수 있는 예방주사로 국가에서 만 12세 여학생에게 2회 예방 접종을 실시하고 있습니다.

11. 그 외 예방접종: 로타바이러스, 수막구균 등이 있습니다.

•

수두 예방접종을 안하고 수두 파티를 한다는데요?

최근 자연주의 육아라고 표방하며 사회적으로 물의를 일으킨 사건이 있었습니다. 어렸을 때 수두에 걸리면 약하게 걸리고 예방접종을 하지 않아도 면역력을 얻을 수 있다 하여 수두에 걸린 환아와 자신의 자녀를 같이 놀게 해 수두에 걸리게 하는 것입니다. 이것은 과학적으로 전혀 증명되지 않은 일이며, 이러한 행위는 사회적으로 용납할 수 없는 일종의 아동학대라고 볼 수 있습니다.

물론 어렸을 때 수두에 걸리는 것이 성인기에 걸리는 것보다는 약한 경우가 많지만, 예방접종을 하지

않고 일부러 수두에 걸려 면역력을 얻는다는 것은 어리석은 일입니다. 수두에 대한 면역력이 없는 아이가 수두에 걸리면 급성 소뇌실조증, 뇌염, 혈소판감소증 같은 심각한 수두 합병증이 생길 수도 있으며 수포와 농포가 많이 생기는 수두의 특성상 평생 없어지지 않는 흉터를 만들 수도 있고 심한 경우 폐렴으로 진행할 수도 있습니다. 더 심각한 것은 이러한 행동이 학교와 유치원 등에 수두를 유행시켜, 특별한 이유(선천성 질환, 백혈병 등)로 예방접종을 할 수 없는 친구들에게까지 수두 감염의 위험을 높인다는 점입니다.

●

예방접종을 하면 자폐에 걸린다던데요?

1998년 영국의 앤드루 웨이크필드 박사가 예방접종과 자폐증이 관련 있다는 논문을 〈란셋Lancet〉에 실어 세계적으로 논란이 되었습니다. 그러나 결론을 말하자면 이는 근거 없는 눈문 조작이었습니다. 연구대상이 12명밖에 안되는 소규모 논문이었고 박사가 의도적으로 데이터를 조작했다는 혐의와 예방접종 제조회사를 상대로 소송을 하던 변호사 단체로부터 연구기금을 받고 있다는 혐의로 논문이 철회된 사건입니다.

그리고 예방접종에는 중금속이 있어 위험하다는 말도 있지만 이 또한 잘못된 말입니다. 예방주사에 수은이 들어 있다고 하는데 이는 중독을 일으키는 무기수은이 아닌 몸밖으로 배출되는 유기수은이며 이 또한 최근에는 사용하지 않기 때문에 더 이상 걱정을 할 필요가 없습니다.

예방접종도 부작용이 있나요?

부작용이 없는 예방접종이 있으면 매우 이상적이지만 아직까지 그런 예방접종은 없습니다. 그러나 예방접종으로 인해 생기는 심각한 부작용은 정말 드뭅니다. 발열이나 접종 부위의 근육 뭉침 정도의 가벼운 부작용은 자주 볼 수 있지만 마비, 간질발작, 뇌염 등의 심각한 부작용은 거의 보기 힘듭니다. 통계적으로 환자에게 큰 해를 끼칠 만한 부작용이 적고 그에 반해 예방접종으로 얻을 수 있는 효과가 크다면, 대다수를 위해 예방접종을 시행하게 되는 것입니다. 예방접종으로 인한 부작용은 정말 드물지만, 소수의 피해자가 있을 수 있기 때문에 국가에서는 예방접종피해 국가보상제도를 마련해놓고 있습니다.

부모를 위한 Tip

1. 예방접종은 우리 자녀를 위한 가장 좋은 건강보험입니다.

예방접종을 빠트리지 않게 자녀의 예방접종 일정을 확인해 주세요. 스마트폰으로 '질병관리본부 예방접종도우미' 어플리케이션을 쓰면 간편하게 자녀의 예방접종 여부를 관리할 수 있습니다.

2. 예방접종을 제때 시행하지 못한 자녀가 있다면 가까운 병의원이나 보건소에서 접종을 할 수 있습니다.

예방접종 시기를 놓쳤다고 그냥 넘어가지 말고 병원에 가면 새로운 스케줄로 예방접종이 가능하니 꼭 방문하시어 자녀의 예방접종을 하기 바랍니다.

어린이가 건강한 대한민[국]

	대상 감염병	백신종류 및 방법	횟수	출생~1개월이내	1개월	2개월	4[개월]
국가예방접종	결핵 ❶	BCG(피내용)	1	BCG 1회			
	B형간염 ❷	HepB	3	HepB 1차	HepB 2차		
	디프테리아 파상풍 백일해	DTaP ❸	5			DTaP 1차	DTa[P]
		Tdap❹	1				
	폴리오 ❺	IPV	4			IPV 1차	IPV
	b형헤모필루스인플루엔자 ❻	Hib	4			Hib 1차	Hib
	폐렴구균 ❼	PCV	4			PCV 1차	PCV
		PPSV ❽	–				
	홍역 ❾ 유행성이하선염 풍진	MMR	2				
	수두	VAR	1				
	A형간염 ❿	HepA	2				
	일본뇌염	IJEV(불활성화 백신) ⓫	5				
		LJEV(약독화 생백신) ⓬	2				
	사람유두종바이러스 감염증 ⓭	HPV	2				
	인플루엔자	IIV ⓮	–				
기타예방접종	결핵	BCG(경피용)	1	BCG 1회			
	로타바이러스 감염증	RV1	2			RV 1차	RV
		RV5	3			RV 1차	RV

● **국가예방접종** : 국가에서 권장하는 예방접종(국가는 감염병의 예방 및 관리에 관한 법률을 통해 예방접종 대상감염병과 예방접종의 실시기준 및 방법을 정하고, 이를 근거로 재원을 마련하여 지원하고 있음

● **기타예방접종** : 예방접종 대상 감염병 및 지정감염병 이외 감염병으로 민간 의료기관에서 접종 가능한 유료예방접종

❶ **BCG** : 생후 4주 이내 접종

❷ **B형간염** : 임신부가 B형간염 표면항원(HBsAg) 양성인 경우에는 출생 후 12시간 이내 B형간염 면역글로불린(HBIG) 및 B형간염 백신을 동시에 접종하고, 이후의 B형간염 접종일정은 출생 후 1개월 및 6개월에 2차, 3차 접종 실시

❸ **DTaP(디프테리아·파상풍·백일해)** : DTaP-IPV(디프테리아·파상풍·백일해·폴리오) 또는 DTaP-IPV/Hib (디프테리아·파상풍·백일해·폴리오·b형헤모필루스인플루엔자) 혼합백신으로 접종 가능

❹ **Tdap** : 만 11~12세에 Tdap 또는 Td로 접종하고, 이후 10년 마다 Td 재접종 (만 11세 이후 접종 중 1번은 Tdap로 접종)

❺ **폴리오** : 3차 접종은 생후 6개월에 접종하나 18개월까지 접종 가능하며, DTaP-IPV(디프테리아·파상풍·백일해·폴리오) 또는 DTaP-IPV/Hib(디프테리아·파상풍·백일해·폴리오·b형헤모필루스인플루엔자) 혼합백신으로 접종 가능
 ※ DTaP-IPV(디프테리아·파상풍·백일해·폴리오)은 생후 2,4,6개월, 만 4~6세에 DTaP, IPV 백신 대신 DTaP-IPV 혼합백신으로 접종할 수 있음. DTaP-IPV/Hib(디프테리아·파상풍·백일해·폴리오·b형헤모필루스인플루엔자)은 생후 2,4,6개월에 DTaP, IPV, Hib 백신 대신 DTaP-IPV/Hib 혼합백신으로 접종할 수 있음.
 ※ 혼합백신 사용시 기초접종 3회를 동일 제조사의 백신으로 접종하는 것이 원칙이며, 생후 15~18개월에 접종하는 DTaP 백신은 제조사에 관계없이 선택하여 접종 가능

❻ **b형헤모필루스인플루엔자** : 생후 2개월~만 5세 미만 모든 소아를 대상으로 접종, 만 5세 이상은 b형 헤모필루스 인플루엔자균 감염 위험성이 높은 경우(겸상적혈구증, 비장 절제술 후, 항암치료에 따른 면역 저하, 백혈병, HIV 감염, 체액면역 결핍 등) 접종하며, DTaP-IPV/Hib(디프테리아·파상풍·백일해·폴리오·b형헤모필루스인플루엔자) 혼합백신으로 접종 가능

❼ **폐렴구균(단백결합)** : 10가[와]

❽ **폐렴구균(다당질)** : 만 2세 이[상] 충분한 상담 후 접종
 ※ 폐렴구균 감염의 고위험군
  – 면역 기능이 저하된 소아 :
   호치킨병 혹은 고형 장기[이식]
  – 기능적 또는 해부학적 무[비증]
  – 면역 기능은 정상이나 다[른]

❾ **홍역** : 유행 시 생후 6~11[개월]

❿ **A형간염** : 1차 접종은 생후 1[2개월]~ 다름) 간격으로 접종

⓫ **일본뇌염(불활성화 백신)** :

⓬ **일본뇌염(약독화생백신)** :

⓭ **사람유두종바이러스 감염증**

⓮ **인플루엔자(불활성화 백신)** :
 다음 해 2회 접종을 완료, 0[세]
 2회 접종이 필요할 수 있[음]

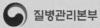
질병관리본부 | KMA 대한의사협회 KOREAN MEDICAL ASSOCIATION | 예방접종전문위원회

표준예방접종일정표 (2018)

12개월	15개월	18개월	19~23개월	24~35개월	만4세	만6세	만11세	만12세
		DTaP 4차				DTaP 5차		
							Tdap 6차	
IPV 3차					IPV 4차			
Hib 4차								
PCV 4차								
					고위험군에 한하여 접종			
MMR 1차					MMR 2차			
VAR 1회								
	HepA 1~2차							
IJEV 1~2차			IJEV 3차		IJEV 4차			IJEV 5차
LJEV 1차			LJEV 2차					
								HPV 1~2차
IIV 매년 접종								

● 백신 두문자어

접종은 권장하지 않음
군"을 대상으로 하며 건강상태를 고려하여 담당의사와

면역억제제나 방사선 치료를 하는 질환(악성종양, 백혈병, 림프종.

빈혈, 무비증 혹은 비장 기능장애
질환, 만성 폐질환, 당뇨병, 뇌척수액 누출, 인공와우 이식 상태
경우 생후 12개월 이후에 MMR 백신으로 재접종 필요
은 1차 접종 후 6~12(18)개월(제조사에 따라 접종간격이

차 접종을 실시하고, 2차 접종 후 12개월 후 3차 접종

접종하고, 2가와 4가 백신 간 교차접종은 권장하지 않음
씩 접종이 필요하며, 접종 첫 해 1회 접종을 받았다면
이 있는 6개월~만 9세 미만 소아들도 유행주에 따라서
방접종 지원사업 관리지침을 참고

대상 감염병		백신종류
결핵	BCG(피내용)	Intradermal Bacille Calmette-Güerin vaccine
B형간염	HepB	Hepatitis B vaccine
디프테리아, 파상풍, 백일해	DTaP	Diphtheria and tetanus toxoids and acellular pertussis vaccine adsorbed
	Td	Tetanus and diphtheria toxoids adsorbed
	Tdap	Tetanus toxoid, reduced diphtheria toxoid and acellular pertussis vaccine, adsorbed
디프테리아, 파상풍, 백일해, 폴리오	DTaP-IPV	DTaP, IPV conjugate vaccine
폴리오	IPV	Inactivated poliovirus vaccine
b형헤모필루스인플루엔자	Hib	Haemophilus influenzae type b Vaccine
디프테리아, 파상풍, 백일해, 폴리오, b형헤모필루스인플루엔자	DTaP-IPV/Hib	DTaP, IPV, Heamophilus Influenzae type b conjugate vaccine
폐렴구균	PCV	Pneumococcal conjugate vaccine
	PPSV	Pneumococcal polysaccharide vaccine
홍역, 유행성이하선염, 풍진	MMR	Measles, mumps, and rubella vaccine
수두	VAR	Varicella vaccine
A형간염	HepA	Hepatitis A vaccine
일본뇌염	IJEV	Inactivated Japanese encephalitis vaccine
	LJEV	Live-attenuated Japanese encephalitis vaccine
사람유두종바이러스 감염증	HPV	Human papillomavirus vaccine
인플루엔자	IIV	Inactivated influenza vaccine

Part 3

학습 태도를 잡아주는
마음 건강 챙기기

　　A는 올해 초등학교에 입학을 합니다. 그런데 학교에 가기를 싫어해 엄마의 고민이 큽니다. A가 5살이 되자, 엄마는 유치원에 보내기 위해 집 근처의 유치원을 찾아갔습니다. 하지만 A가 엄마와 떨어지는 것을 싫어해, 처음 며칠간 엄마는 A와 함께 유치원에서 시간을 보냈습니다.

　　조금씩 아이가 유치원 생활에 적응하는 것을 보고, 엄마는 A를 유치원에 두고 집에 가려고 했습니다. 그때 엄마가 눈에 보이지 않자, 울기 시작했습니다. 선생님이 달래보고 여러 가지 방법을 동원하였지만 소용이 없었습니다. A는 엄마가 눈에 보이지 않으면 울기 시작해 엄마가 보일 때까지 그치지 않았습니다.

　　이런 일들이 반복되자 엄마는 결국 유치원에 아이를 보내는 것을 포기하고 집 근처 문화센터에 등록해 같이 다니게 되었습니다. 엄마와 함께 하는 문화센터 프로그램에서는 다른 아이들보다 더욱 즐겁게 참여하는 모습을 보였습니다.

　　이렇게 시간이 흘러 A는 초등학교에 입학하게 되었습니다. 그런데 여전히 엄마가 보이지 않으면 집중을 하지 못하고 아침마다 학교에 안 가려고 떼를 썼습니다. 결국 엄마는 A와 함께 등교해 옆자리에서 공부까지 하는 상황에 놓이게 되었습니다.

1. 아이가 엄마에게서
안 떨어져요

엄마와 쉽게 떨어지지 못하고 항상 엄마와 모든 것을 같이 하려는 아이들을 우리 주변에서 쉽게 볼 수 있습니다. 정상적인 아이들의 경우 만 3~4살이 지나면 엄마 혹은 가족과 자연스럽게 일시적으로 떨어져 있을 수 있습니다. 하지만 앞에서 언급된 A와 같은 아이들은 엄마가 보이지 않으면 쉽게 울고, 집중하지 못하며 불안해하는 모습을 보입니다. 이렇게 엄마와 떨어지는 것을 극도로 싫어하고, 다른 것을 할 수 없을 정도의 모습을 '분리불안'이라고 합니다.

분리불안이라고 하면, 우리 아이에게 큰 질환이나 문제가 생긴 것으로 생각하는 부모도 있습니다. 정도의 차이는 있지만 분리불안은 어린아이가 부모 (특히 엄마)와 분리될 때 생기는 매우 자연스러운 현상입니다. 대부분의 어린아이들은 엄마와 분리될 때 두려워하며 불안해합니다. 이것은 정상적인 성장 과정의 한 단계입니다.

아이들이 부모와 떨어져야 하는 시점이 오면 아이는 엄마와의 건강한 분리를 감당할 수 있는 힘이 있어야 합니다. 또한 엄마도 아이와의 분리를 감당할 수 있어야 합니다. 간혹 엄마가 아이들이 엄마와 떨어지는 상황에서 아이가 힘들어하는 것을 못 견디는 경우가 있는데, 그렇게 되면 아이는 항상 엄마와 모든 것을 함께 하려 들고, 추후 아이는 건강한 분리를 할 수 있는 능력이 부족하게 됩니다. 대부분 이러한 아이들은 유치원에 가면서 문제가 나타나는데, 특히 초등학교에 입학하면 그 문제가 더욱 심각해집니다.

•

부모는 어떻게 해야 할까요?

초등학교 입학 후에도 여전히 분리불안 때문에 학교생활에 잘 적응하지 못한다면, 아이가 부모로부터 단계적으로 떨어질 수 있도록 인지행동요법을 써 볼 수 있습니다.

앞에서 나온 A의 사례를 통해 어떻게 할 수 있는지 살펴보겠습니다.

A의 엄마는 그 후 아이와 함께 학교에 갔습니다. 선생님께 양해를 구한 뒤 처음에는 수업시간에 아이 옆에 앉아서 며칠간 수업을 함께 했습니다. A에게 심리적 안정감이 생겼다고 생각한 엄마는 "엄마가 복도에서 기다리고 있을게."라고 말하고 수업 중 복도에서 기다리기로 하였습니다.

처음에는 엄마가 옆에 없어 불안해했지만, 교실 창밖으로 보이는 엄마의 모습을 확인하고 A가 환한 미소를 지었습니다. 점차 엄마가 눈에 보이지 않아도 수업시간에 불안해하는 모습이 줄어들자, 엄마는 학교 운동장에서 A를 기다리기 시작했고 점차 시간과 공간을 늘려가며 A와 분리 연습을 했습니다.

한 달 정도 시간이 흐르자 A는 더 이상 학교에 가지 않겠다고 떼를 쓰지 않았고, 담임선생님도 A의 모습이 매우 좋아졌다고 칭찬해주었습니다.

아이들의 분리불안을 줄이는 또 다른 방법은 자녀가 필요할 때는 언제든지 엄마가 온다는 믿음을 주는 것입니다.

그 한 예로 자녀에게 휴대폰을 주고 "네가 연락하면 언제 어디서든지 엄마가 달려오겠다."라고 약속을 할 수 있습니다. 혹은 자녀에게 "엄마가 필요할 때는 언제든지 선생님께 부탁해서 엄마와 연락할 수 있다."라는 사실을 엄마와 선생님이 같이 아이에게 이야기해줄 수 있습니다.

단, 이 경우 아이가 전화를 너무 자주 하거나 아무런 상황이 아닌데도 전화를 하게 될 수 있고, 또한 부모와 통화가 이루어지지 않을 때는 아이가 더 불안해

할 수도 있으니, 휴대폰을 주는 방법은 부모님이 신중히 생각해서 결정해야 합니다.

대부분의 아이들은 시간이 지나면서 분리불안이 해소되고 학교생활에 잘 적응하지만, 시간이 지나도 좀처럼 분리불안이 줄어들지 않는다면, 심리 치료나 인지행동 치료 또는 놀이 치료를 포함한 지지적 면담 치료가 도움이 될 수 있습니다. 여러 방법으로 증상이 호전되지 않을 경우에는 약물 치료도 가능합니다. 부모의 노력에도 불구하고 자녀들의 등교 거부가 지속된다면 망설이지 말고 소아청소년정신과 전문의와 상의하길 바랍니다.

•

분리불안과 학업의 관계는?

분리불안으로 인한 자녀들의 등교 거부가 지속될수록 정상적인 학교생활이 힘들 수 있습니다. 학교생활에 적응이 늦어지면 학교 가는 것을 두려워하고 학업에 대한 부정적인 선입견이 생길 수 있습니다. 또한 부모 의존적인 성향이 강해져서 부모가 곁에 없으면 아무것도 할 수 없게 되어, 성장하면서 자기 주도적 학습을 하기가 어려울 수 있습니다.

부모와 떨어져야 하는 시점이 오면 아이는 엄마와의 건강한 분리를 감당할 수 있는 힘이 있어야 합니다.

 **부모를 위한 Tip**

분리불안으로 등교를 거부하는 자녀가 있다면,

1. 분리불안을 가진 아이는 부모가 갑자기 사라지는 것에 대한
   두려움이 큽니다.

   아이에게 엄마가 언제든지 필요할 때 곁에 있다는 믿음을 가
   지게 한다면 아이의 두려움을 줄일 수 있습니다.

2. 분리불안을 치료하기 위해서는 가족 전체가 함께
   참여하는 것이 좋습니다.

   분리불안은 아이 혼자만의 문제가 아니라 가족 전체의 문제
   임을 알고 가족 구성원 모두 문제 해결에 참여해야 합니다.

3. 부모의 노력으로도 문제가 해결되지 않는다면,

   소아청소년정신과 전문의와 상의해서 아이의 분리불안 원인
   을 찾고 문제를 해결하기 바랍니다.

　　중학생인 A는 하루 종일 휴대폰을 손에서 놓지 않습니다. 친구들과 휴대폰 메신저로 계속 대화를 나누면서 혼자 히죽히죽 웃다가 갑자기 화를 내고, 알아들을 수 없는 말로 이야기를 합니다. 이를 본 아빠가 답답한 마음에 큰소리를 칩니다.

　　"너 하루 종일 휴대폰만 보고 뭐 하는 거야! 휴대폰 이리 내놔! 그리고 이제 방에 가서 공부 좀 해!"

　　"아, 왜요!"

　　"너 도대체 앞으로 뭐가 되려고 그러니?"

　　"아빠! 왜 남의 휴대폰을 보고 그래요. 짜증나게……."

　　아빠는 A가 혹시 나쁜 친구들과 어울릴까 봐 매우 걱정이 큽니다. A가 이런 모습을 보이기 시작한 것은 중학교 2학년이 되면서부터입니다. 이전에는 부모님과 대화도 잘 하고 밝았던 아이가 갑자기 달라진 행동을 보여 부모님은 큰 걱정에 빠졌습니다.

　　엄마는 A가 혹여나 잘못될까 봐 항상 걱정입니다. 요즘에는 통 공부도 하지 않고 휴대폰만 만지고 있어 엄마의 마음이 더욱 불안합니다. 곧 기말고사 기간인데 시험공부는 안 하고 휴대폰으로 좋아하는 아이돌 가수의 사진, 노래, 방송들만 찾아보고 있습니다.

　　엄마는 A를 이해하려고 노력해봐도, 잘 이해가 되지 않습니다. 엄마도 자신의 예전 중학교 시절을 떠올리며 '내가 그렇게 했었나?' 하고 스스로 물어봅니다. 그렇지만 요즘 아이들은 자신의 예전 모습과는 너무 다르다고 느껴집니다.

2. 아이가 중2병에
걸렸어요

북한이 우리나라와 전쟁을 못하는 이유는 '대한민국의 중2들이 무서워서'라는 우스갯소리가 있습니다. 그 정도로 중학교 2학년은 혼돈의 시기이며 부모와의 갈등이 심해지는 시기입니다.

중2병이란 단어를 처음 쓴 곳은 일본이라고 합니다. 원래 중2병이라는 말은 어른들이 보기에 중학교 2학년이 되면서 드러나는 허황되고 우스운 행동들을 지칭하는 단어였다고 합니다. 그런데 이 말이 우리나라로 넘어오면서 우리가 알고 있는 사춘기를 대신하는 말로 쓰이기 시작했습니다.

사춘기(思春期)라는 말은 한자어로 그 뜻은 '봄을 생각하는 시기'입니다. 여기서 봄은 '이성(異性)'을 나타냅니다. 즉 남자는 여자, 여자는 남자를 생각하는 시기라고 말할 수 있습니다. 사춘기가 되면 우리 아이들은 신체적으로 2차 성징이 나타나기 시작하고, 정서적으로는 자기중심적 사고가 발달되고, 자아의식도 높아지게 되며 주위에 대한 부정적 태도도 강해집니다. 특히 부모의 구속이나 간섭을 싫어하며 반항적인 경향이 심해지고, 이로 인해 부모와의 마찰도 심해지게 됩니다.

●

중2병 때문에 성적이 떨어질까 걱정돼요

중2병은 누구나 한 번은 겪는 하나의 성장통입니다. 아이들에 따라 종종 심하게 나타나는 경우도 있고, 때로는 가볍게 지나가는 경우도 있습니다. 이러한 사춘기는 우리 아이들이 학업에 집중하고 진로를 고민해보는 중요한 시기이며,
또한 공부에 대한 흥미를
잃어버리고 친구, 연예
인, 게임 등에 쉽게 빠지
는 시기이기도 합니다. 그
리고 부모의 잔소리에는 귀를
닫고 이유 없는 반항을 하기도 합니다. 이러한 사춘
기 자녀를 둔 부모의 마음속에는 많은 고민이 있습
니다.

"여기서 아이를 다잡지 못하면 혹시 나쁜 길로 빠
지지 않을까, 걱정이에요."

"열심히 공부해야 하는데 매일 친구들과 놀러나
다니고 집에는 늦게 들어오고 나쁜 친구들과 어울려
사고 치고 다니는 것은 아닌지⋯⋯."

•

중2병에 걸린 우리 아이의 치료 방법은?

무엇보다 사춘기의 아이들에게 필요한 것은 부모가

자녀를 인정해주는 것입니다. 의미 있는 존재로서 우리 아이들을 온전한 하나의 인격체로 존중해주는 것이 중요합니다. 그리고 부모님이 사춘기 자녀와 대화를 할 때는 가급적 짧게 하는 것이 좋습니다.

또한 부모는 자신이 사춘기를 어떻게 보냈는지 돌아보고, 우리 아이들에게 모든 문제를 고쳐야 한다고 강요하지 말아야 합니다. 우리 아이들이 원하는 것은 부모의 잔소리가 아닌 '인정'과 '존중'입니다.

먼저 아빠와 엄마는 A가 사춘기라는 것을 이해하고, 잔소리는 줄이고 A의 행동을 인정해주기로 하였습니다. 엄마는 A가 학교에서 수업을 마치고 돌아왔을 때 따뜻한 말로 대화를 시작했습니다.

"학교 다녀오느라 힘들었지? 많이 힘들었을 텐데 방에 가서 좀 쉬고 있어. 엄마가 과일 가져다줄게."

엄마는 더 이상 잔소리를 하지 않았습니다. A는 처음에 이상하다고 생각했습니다.

'왜 엄마가 늦게 왔냐고 잔소리를 안하는 거지?'

다음 날도 엄마는 잔소리보다 격려하고 인정하는

말을 하였습니다. 처음에는 엄마의 따뜻한 말이 이상하게 느껴졌던 A도 점점 엄마에게 마음의 문을 여는 것 같았습니다.

그러던 어느 날 학교에서 A가 같은 반 친구와 속상한 일이 있었습니다. 예전 같았으면 방에 들어가 문을 잠그고 밥도 안 먹던 아이가 엄마에게 속상한 일을 터놓았습니다.

그때 A의 이야기를 차분하게 듣던 엄마가 자신의 학창 시절 이야기를 들려주었습니다. A는 엄마도 자신과 같은 고민이 있었다는 것을 알게 되었고, 엄마가 자신을 이해해주는 것을 느꼈습니다. 그 후부터 엄마와 A는 서로 부담스러웠던 관계에서, 이해하고 사랑하는 관계로 발전하게 되었습니다.

우리 사랑하는 자녀들에게 이렇게 말해보면 어떨까요?

"사랑하는 아들아, 딸아. 엄마, 아빠도 너희와 똑같이 사춘기를 지나왔단다. 너희들의 마음을 다 이해할 수는 없지만, 너희 마음을 이해하려고 노력하

고 있단다. 그리고 너희가 이 사춘기를 잘 보내기를
응원한단다."

우리 아이들이 원하는 것은
부모님들의 잔소리가 아닌
'인정'과 '존중'입니다.

 **부모를 위한 Tip**

중2병(사춘기) 자녀가 있다면,

1. 잔소리를 줄이고 가급적 짧게 이야기합시다.

부모의 지속적인 잔소리는 자녀를 쉽게 반항하게 만들고 부모에 대한 적대심을 가지게 할 수 있습니다. 자녀를 어리게만 여기지 말고 독립된 인격을 가진 인격체로 대해줍니다.

2. 자녀들을 인정하고 있다는 메시지를 자주 주도록 합시다.

자녀의 행동, 말 등이 부모 눈에 이해가 되지 않더라도 인정하도록 노력합니다. (피어싱, 염색, 화장, 패션 등)

3. 자녀들이 사춘기를 잘 보낼 수 있다는 믿음을 가집시다.

자녀를 응원하면서 언제든지 도움이 필요하면 도움을 주겠다고 이야기합니다. 걱정하는 마음보다 응원하는 마음이 자녀가 사춘기를 잘 보낼 수 있게 해줍니다.

A는 올해 고등학교 3학년이 되었습니다. 평소 공부에도 열심이고 공부에 대한 열정도 남달라 부모님과 선생님 그리고 주변에서 거는 기대가 큽니다. A 또한 좋은 대학, 원하는 과에 진학하고 싶은 마음이 간절합니다.

그런데 최근 A에게 문제가 생겼습니다. 전에 없던 두통이 자주 생기고, 학교 모의고사 등 시험 때만 되면 불안하고 초조해졌습니다. 계속되는 불안에 공부할 의욕도 사라지고 아무것도 하고 싶지 않다고 부모님께 투정 아닌 투정도 해봅니다. 부모님은 그때마다 "곧 괜찮아질 거야, 네가 스트레스를 많이 받아서 그래."라고 위로해보지만, 시간이 지나도 크게 달라지는 것은 없었습니다.

그렇게 시간이 지나고 수능 시험 날짜가 점점 다가올수록 이런 증상들이 더 심해졌습니다. 학교를 그만두고 싶은 충동도 생기고 학교 가기도 싫어졌습니다. 그렇다고 학교를 막상 그만두려니 미래에 대한 두려움과 걱정이 커 괴롭기만 합니다. 시험은 다가오고 불안은 커지는데 책을 보면 가슴만 답답하고 한숨만 나옵니다.

3. 고3병이란
무엇인가요?

고3병이란 일명 대입스트레스증후군이라고도 하는데, 고3 학생, 재수생 등 대학 입학 시험을 앞둔 수험생들에게서 볼 수 있는 다양한 정신적, 신체적 현상들을 말합니다. 수험생들에게 나타나는 증상은 매우 다양하며, 흔히 나타날 수 있는 증상들로는 우울한 감정, 불안, 초조, 수면장애, 대인관계 장애, 강박증상, 분노, 학업 능률 저하, 소화불량 등이 있습니다. 이러한 증상이 가벼운 경우에는 큰 문제가 되지 않지만 정신과 치료를 받아야 할 정도로 증상이 심한 경우도 있습니다. 어떤 경우에는 정신과 치료를 받지 않고 혼자서 힘들어하다 결국에는 극단적인 행동을 하게 되는 예도 있으니, 결코 쉽게 생각할 문제가 아닙니다.

•

고3병은 학생만의 문제?

고3병은 다른 나라들에 비하여 유독 우리나라 학생들에게 두드러지게 나타나고 있습니다.

많은 고3 학생들에게서 나타나는 다양한 증상을 볼 때 이것은 각 개인의 문제라기보다 사회적 원인으로 나타나는 현상이라고 볼 수 있습니다. 그 단적인 예가 너도나도 좋은 대학, 좋은 과에 가야만 한다는 사회 분위기와 스펙을 중시하는 우리 사회의 취업 구조 등입니다. 그리고 부모가 자녀에게 가지는 지나친 기대와 좋은 대학을 나와야만 먹고 살 수 있다는 사고방식, 그리고 이에 따른 입시 위주의 학교 교육 풍토 등이 고3병의 근본적인 원인입니다. 즉, 고3병은 학생 개인만의 문제가 아니라 부모 그리고 우리 사회 모두가 관여되어 있는 문제라고 말할 수 있습니다.

•

고3병 – 부모의 역할

고3병을 해결하기 위해서는 부모와 학생 모두의 변화가 필요합니다.

첫째, 부모들의 사고방식이 변해야 합니다. 무조건 좋은 대학을 가야 한다는 생각을 바꾸고, 우리 아이들의 능력에 맞는 진로를 선택하도록 격려해주는 것이 바람직합니다. 자녀들에게 무조건 좋은 대학에 가야 한다고 말하는 것이 정말 자녀의 학업에 도움이 될까요? 오히려 자녀들은 그 말로 인해 더 스트레스를 받아 학업에 방해가 될지도 모릅니다.

둘째, 우리 아이들의 힘든 상황을 부모들이 공감하도록 노력해야 합니다. 특히 부모들은 자녀들마다 '스트레스에 대처하는 능력에 개인차가 크다'는 점을 인정해야 합니다. 가장 금해야 할 일은 지치고 불안한 모습을 보이는 아이들에게 "남들도 똑같은 상황인데 왜 유독 너만 힘들어하냐?" "옆집 아이는 너처럼 수험생이지만 공부도 잘하고 성격도 활달하다."라는 식의 말들입니다. 고등학생이 된 우리 자녀들은 신체적으로는 성숙해졌지만, 정신적으로는 아직 미숙하고 부모 의존도가 높은 미성년자입니다. 따라서 부모의 태도가 학생의 삶에 결정적인 영향을 미칠 수 있다는 점을 꼭 명심해야 합니다.

"오늘도 공부한다고 많이 힘들었지, 우리 ○○ 힘내, 사랑해."라고 말해봅시다. 직접 말하는 것이 쑥스럽고 힘들다면 스마트폰 메신저를 이용해봅시다. 부모의 작은 배려의 한마디가 우리 자녀들의 마음에 큰 위로가 될 것입니다.

셋째, 신체에 나타나는 여러 증상 때문에 학업에 방해가 되는 경우가 많으니 자녀들이 호소하는 증상들에 대하여 신속하고 적극적으로 대처해야 합니다. 예를 들어 가장 흔한 증상인 두통을 호소할 때는 충분한 휴식과 안정을 취할 수 있게 도와주고, 두통약을 복용할 수 있도록 지도하여야 합니다. 그리고 약을 복용해야 할 때는 부모 임의로 지도하지 마시고 병원에 방문하여 의사와 꼭 상담을 하시기 바랍니다.

넷째, 우리 자녀들에게 좋은 대학, 좋은 성적을 강요하기 앞서 "잘하고 있다.""너의 꿈을 위해 최선을 다하길 바란다.""넌 앞으로 더 잘 할 수 있다."라고 자녀들에게 응원과 격려를 하도록 합시다.

·

고3병 – 학생의 역할

이번에는 고3병을 극복하기 위해 학생들이 노력해야 할 것들을 알아보겠습니다.

첫째, 스트레스 감소를 위해 1시간 공부에 10분씩 휴식시간 갖기, 주말에는 신체활동 즐기기 등 틈틈이 긴장을 풀 수 있는 방법들을 실천하도록 노력해야 합니다. 끝이 없는 공부량과 계속 공부만 하는 옆 친구들의 모습에 자극을 받아, 쉬는 시간도 아까워하는 아이들이 있을 수 있습니다. 하지만 이것은 매우 잘못된 생각입니다. 우리의 두뇌와 몸도 쉬는 시간이 꼭 필요합니다.

둘째, 식욕감퇴, 소화불량, 변비, 속쓰림 등 학업에 방해가 되는 증상들을 해결하기 위해서 규칙적으로 아침밥 먹기, 밤참 간단히 먹기, 패스트푸드 줄이기 등 식생활 개선에 노력해야 합니다. 고3 학생들은 많은 공부 시간 때문에 건강한 생활 패턴을 유지하기가 힘듭니다. 특히 식생활이 불규칙하고 적절한 영양을 섭취하지 않는 경우 학업에 방해되는 증상들이 많이 나타납니다. 따라서 학업을 위해 무엇보다 먼저 건강을 유지하도록 노력해야 합니다. 건강해야 공부도 잘 할 수 있다는 것을 잊지 말아야 합니다.

셋째, 학생들도 부모의 강요에 의해 공부를 하는 것이 아니라 자신의 미래의 직업과 생활을 위해 자발적으로 공부해야 합니다. 학생들은 공부를 하기에 앞서 왜 내가 공부를 해야 하는지 그리고 내가 어떤 직업을 가지고 싶고, 그것을 위해 어떤 공부를 어떻게 할 것인지를 고민해야 합니다. 자신의 삶의 주인공은 바로 나 자신이기 때문입니다.

 **부모를 위한 Tip**

고3병에 힘들어하는 자녀가 있다면,

1. 먼저 부모의 생각이 바뀌어야 합니다.
2. 우리 아이의 어려움에 공감하도록 노력합니다.
3. 아이가 호소하는 증상들에 대하여 적극적으로 대처합니다.
4. 아이에게 응원의 메시지를 보냅니다.

고3 학생을 위한 Tip

고3병 때문에 힘들어하고 있다면,

1. 스트레스를 줄이기 위한 시간을 투자합니다.
2. 규칙적인 식사, 패스트푸드 줄이기 등 식생활을 개선합니다.
3. 자신의 미래를 위하여 자발적으로 공부를 합니다.

초등학교 2학년인 A는 학교에 입학할 때부터 공부 스트레스를 많이 받았습니다. 같은 반 친구들에 비해 학업 내용을 잘 이해하지 못해 반 친구들로부터 "바보, 멍청이"라는 놀림을 자주 받았습니다. 그리고 학교 수업시간에 집중하지 못하고 다른 생각을 하다 담임선생님에게 혼나는 경우도 많았습니다.

이러한 상황이 지속되면서 A는 학교 가기를 거부하기 시작했고 같은 반 친구들과의 관계는 더욱더 나빠졌습니다. 그리고 부모님과 선생님에게 반항적인 태도를 보이기도 하고 부모님과 대화하지 않으려는 등 예전과는 다른 모습들을 보였습니다. 그때마다 부모님은 아이를 달래도 보고, 아이에게 화도 내보고 이런저런 방법을 해봤지만 큰 효과는 없었습니다.

고등학교 2학년인 B는 학교생활이 의미가 없다고 느끼고 있습니다. 공부를 하기 싫어 학교에 지각이나 조퇴, 결석을 자주 반복했습니다. 중학교 때는 공부도 열심히 하고 성적도 괜찮았지만 고등학교를 진학한 후 공부에 흥미를 잃어버렸습니다. 학교 수업이 끝나고 나서도 집에 계신 엄마의 눈길이 부담스러워 집에 들어가지 못하고 밖에서 방황을 하다 밤 10시가 넘어서야 집에 들어가곤 하였습니다. 그렇게 늦은 시간에 집에 오면 숙제도 귀찮고, 내일 학교에 가는 생각만 해도 하늘이 무너져버릴 듯합니다. 이렇게 매일매일 사는 게 무슨 의미가 있는지, 대학에 진학하면 무슨 희망이 있는지, 앞일에 대하여 전혀 기대가 없어 아무것도 하기가 싫다고 말합니다.

4. 소아청소년기의
우울증은 왜 심각할까요?

　　소아청소년들에게 우울증은 흔하지는 않지만, 성인들처럼 우울증 때문에 힘들어하는 경우가 종종 발생합니다. 이 시기 우울증의 원인은 매우 복합적입니다. 유전적, 외부 환경적, 사회 심리적 요인 등이 모두 관련되어 있습니다.

　　예를 들면 부모에게 지나친 간섭과 통제를 받고 자란 아이, 주위의 일에 상당히 예민하거나 모든 일에 완벽을 추구하는 아이, 평소 부정적인 사고 방식을 가진 아이, 모든 일에 매우 소심한 아이, 다른 아이들과의 비교로 인해 열등감을 가진 아이들은 다른 아이들과 비교하여 우울증과 관련이 높은 것으로 생각됩니다.

또 부모가 우울증을 앓았을 경우에도 자녀가 우울증에 걸릴 수 있습니다. 부모 중 한 사람이라도 우울증을 앓으면 자녀의 우울증 발병률은 정상아보다 3배 이상 늘어난다는 연구 결과가 있습니다.

부모 사이의 불화 또는 이혼, 그리고 부모로부터의 잔소리, 지나친 간섭, 학대 등이 원인이 될 수도 있습니다. 또한 과중한 학업 스트레스나 입학 혹은 신학기, 전학 등의 환경 변화도 우울증의 원인이 될 수 있습니다.

성인들은 우울증 증상이 있을 때 기분이 우울하다 또는 무기력하다, 삶의 의욕이 없다라며 자신의 기분을 표현합니다. 그러나 학생들은 우울증 증상이 있을 때 평소 좋아하던 것에도 시큰둥하고 짜증이 늘거나 화를 내거나, 초조해하거나 흥분을 잘 합니다. 또 자신감이 떨어지고 모든 일에 자책하는 태도를 보이기도 합니다. 공부에 집중하지 못하고 산만해지거나 학교에 가는 것을 거부하기도 하고, 때로는 공격적으로 변해서 심한 욕설, 거짓말, 싸움, 도벽, 가출과 같은 문제적인 행동을 할 수도 있습니다. 신체적인 증상도 동반되어 두통이나 복통을 호소하거나 하루 종일 피곤해하고, 식습관이 변하면서 체중이 갑자기 줄거나 늘기도 합니다.

아이들의 우울증은 학업에 나쁜 영향을 미칩니다. 평소보다 더 산만해지고 집중력이 떨어지고 신체적 증상들도 자주 동반하기 때문에 조퇴를 자주 하거나 결석이 잦아지기도 합니다. 또한 아이들이 학업의 필요성을 스스로 깨닫지 못하며, 특히 학업성취에 대한 의욕이 사라져 학업에서 멀어지게 됩니다.

•

치료방법은 무엇인가요?

중학생인 C의 경우를 보도록 하겠습니다.

중학교 3학년인 C는 평소 수업 태도가 좋지 않고,

선생님께 대드는 등 자주 반항적인 태도를 보여 학교에서 문제아로 취급받았습니다. 중학교 1학년 1학기까지만 해도 열심히 공부하고 수업 태도도 좋은 학생이었습니다. 그런데 1학년 2학기 때부터 숙제도 하지 않고 때로는 몰래 수업을 빠져서 학교 주변의 PC방에서 친구들과 게임을 하기도 하였습니다. 그리고 학교 친구들과 자주 다퉜고, 학교에서 징계까지 받아 부모님의 걱정이 날로 커지고 있습니다.

엄마는 C가 학교생활에 관심이 없고 문제아 행동을 하는 것이 걱정이 되어 함께 상담을 받기로 했습니다. 처음에는 상담을 받으러 가자는 엄마의 말에 C는 시큰둥하며 큰 반응을 보이지 않았습니다. 그렇게 억지로 따라간 상담 시간에 C는 별 이야기를 하지 않고 엄마의 이야기를 듣고만 있었습니다. 그 후 상담이 여러번 진행되면서 엄마가 자신을 정말 사랑하고 걱정하고 있다는 것을 알게 되었고 자신이 엄마와 아빠에게 잘못된 오해를 하고 있었다는 것을 알게 되었습니다. 그 후 C는 자신의 이야기를 조금씩 털어놓기 시작했습니다. 알고 보니 이렇게 문제아 행동을 보이는 데는 집안 환경의 큰 변화가 그 이유였습니다.

C가 중학교에 들어갈 때 아빠는 직장에서 정리해고를 당했습니다. 아빠는 새로운 직장을 찾지 못해 집에 있는 동안 아이에게 잔소리가 심해졌고, 엄마는 아빠 대신 밖에 나가 일을 하게 되었습니다. 그 후 엄마는 아이를 돌봐줄 시간이 없다는 이유로 아이의 행동변화에 무관심하게 지내왔습니다. 그리고 C가 중학생이 된 후 사춘기가 시작되면서 부모님과의 대화는 더욱 줄어들었습니다. 부모와의 관계가 계속 나빠지면서 C는 학교에서 문제아 행동을 보이기 시작했습니다. 평소 작은 일도 그냥 넘어가지 못하는 아빠의 잔소리와 방과 후 집에 오면 엄마가 없는 것이 너무 싫다고 말했습니다.

상담 후 부모님은 C가 왜 그런 행동들을 하게 되었는지 그 이유를 알게 되었고, 아이를 위해 노력하기로 결심하였습니다. 아빠는 너그러운 모습을 보이려고 힘썼고, 예전 직장보다 조건이 좋진 않지만 새로운 직장을 구했습니다. 그리고 엄마는 C와 더 많은 시간을 가지려고 노력하였습니다. 아빠와 엄마의 노력으로 C의 모습은 조금씩 변화하기 시작하였습니다. 먼저 '노는 아이들'과의 관계를 정리하고 일찍 집으로 돌아오기 시작했습니다. 또한 고등학교 진학을 위해 열심히 공부를 하겠다고 마음먹고 노력하는 모습을 보였습니다. 그리고 무엇보다 부모님 말씀에 순종하는 모습을 보이는 등 C의 생활은 예전과 확연히 달라졌습니다.

부모들은 아이들에게 우울증 증상이 나타나면 이를 빨리 알아채고 치료를 시작해야 합니다. '별일 아니겠지.' 하는 생각이 아이의 우울증 치료 시기를 놓치게 합니다. 우울증 치료는 빨리 시작하는 것이 치료 효과도 좋고 재발 확률도 낮아집니다. 먼저 아이에게 우울증을 유발하는 원인들이 무엇인지 파악하는 것이 매우 중요합니다. 아이 자신이 무엇을 힘들어하는지를 스스로 알게 하고, 그 원인을 극복할 수 있도록 도움을 줘야 합니다.

학업 성적이 우울증의 원인이라면 아이가 공부 방법을 모르는 것인지 아니면 집중력이 부족한 것인지, 문제를 찾아내 보완해야 하며, 부모간의 불화, 부모와 자녀와의 관계가 우울증의 원인이라면 부모의 노력이 자녀의 우울증을 해결할 수 있는 열쇠일 것입니다.

또한 우울증이 심할 경우에는 약물 치료가 도움이 될 수 있습니다. 약물 치료는 신경호르몬의 조절을 통해 우울증 증상을 개선하는 것인데, 간혹 우울증 약을 복용하면 자녀들에게 나쁘지 않을까 걱정하는 부모들이 있지만, 약에 의한 부작용은 거의 없기 때문에 안심하셔도 됩니다. 그리고 만약 약물 치료를 시작한 경우, 약물 치료로 단기간에 우울증 증상이 호전되더라도 약을 끊지 말고 최소 6개월에서 1년간 치료를 유지하는 것이 좋습니다.

•

우울증과 자살은 관계가 있나요?

2017년 현재 우리나라 청소년 사망원인 1위가 자살입니다. 따라서 부모들이 우울증을 호소하는 자녀들에게서 가장 심각하게 생각해야 할 부분이 바로 자살입니다. 청소년의 자살이 우울증과 항상 연관되어 있는 것은 아니지만, 자녀들이 자살에 대한 이야기를 하거나 자살기도를 한 적이 있다면 부모는 아이들의 이야기를 경청하고 24시간 지속적으로 아이들의 행동을 관찰하여야 합니다. 그리고 반드시 빠른 시간 안에 자녀와 함께 소아청소년정신과를 방문하여 적절한 치료를 받도록 해야 합니다. 부모가 평소 자녀들의 고통과 시련에 귀를 기울이지 않는다면, 오늘도 귀중한 한 생명이 부모의 곁을 떠날 수도 있습니다.

부모님들은 아이들에게 우울증 증상이 나타나면 이를 빨리 알아채고 치료를 시작해야 합니다.

 **부모를 위한 Tip**

우울감을 느끼는 자녀가 있다면,

1. 소아청소년기의 우울증 증상은 성인과 다르게 나타납니다.
   우리 아이가 평소와 다른 행동을 보이기 시작한다면, 부모는
   이를 가볍게 생각하지 마시고 아이의 이야기를 듣도록 노력
   해야 합니다.

2. 아이의 우울증을 유발하는 원인이 무엇인지 파악하고,
   그 원인을 아이 스스로 해결하도록 도와줍니다.
   스스로 해결할 수 없다면 부모가 도와줍니다. 학업 성적이 우
   울증의 원인이라면 아이가 공부 방법을 찾아가도록 도와주
   며, 부모간의 불화, 부모와 아이와의 관계가 우울증의 원인
   이라면 부모의 노력이 아이의 우울증을 해결할 수 있는 열
   쇠입니다.

3. 자녀가 자살에 대한 이야기를 꺼내거나
   "내가 없어져버리면 어떨까?"라는 말을 한다면,
   부모는 아이가 극단적인 행동을 하지 않도록 아이의 행동을
   계속 관찰하며, 빠른 시간 안에 소아청소년정신과를
   방문하여야 합니다.

아이가 너무 산만해요!

　A는 올해 초등학교 4학년이 되었습니다. 평소 성격이 급하고 충동적이어서 동생뿐만 아니라 주위 친구들과 자주 싸우는 것 때문에 부모님의 걱정이 이만저만이 아닙니다. A는 친구들과 잘 놀다가도 자기가 갖고 싶은 물건이 있으면 갑자기 친구의 물건을 빼앗고, 놀이를 할 때는 자기 차례를 기다리지 못하고 먼저 하려고 친구들과 말다툼을 하기도 합니다. 종종 학교에서 자기 뜻대로 안 되면 친구를 때리고 욕설을 하는 공격적인 행동을 보이기도 합니다.

　그런 일이 반복되자 친구들은 A를 점점 피하게 되었고 결국 친하게 지내는 아이가 하나도 없게 되었습니다. A에게 맞은 친구의 부모님들이 A의 부모님을 찾아와 항의하는 일도 잦았습니다. 그때마다 아이를 혼내기도 하고 달래기도 했지만 A의 행동은 시간이 지날수록 더 심해졌습니다.

　A는 평소 주의가 매우 산만하고 수업 중에 떠들고 장난치는 일이 많아 선생님께 늘 야단을 맞았습니다. 자신이 좋아하는 과목에는 집중을 잘 하다가도 싫어하거나 어려운 문제를 만나게 되면 바로 포기해버립니다. 학업이 뒤떨어질까 싶어 엄마가 직접 숙제를 확인하고 시켜보지만, A는 마지못해 대충 해놓고 빨리 놀려고만 합니다.

5. 주의력결핍 과잉행동장애가 무엇인가요?

주의력결핍 과잉행동장애^{ADHD}는 주의 산만, 과잉행동, 충동성 등의 증세를 보이는 행동장애를 말합니다. 아동기에서 청소년기를 거쳐 성인기까지 지속되는 만성적인 경과를 보이며, 특히 소아청소년기의 가정, 학교생활에 큰 지장을 주는 질병입니다.

미국의 경우 1998~2000년 5~17세 소아청소년 중 6.9%가 주의력결핍 과잉행동장애를 보였던 것이 2007~2009년 9.0%로 증가하는 양상을 보였습니다. 또한 우리나라의 경우 서울 지역 초등학교 보건사업을 통한 역학연구에서는 6.5% 정도로 보고되고 있습니다.

주의력결핍 과잉행동장애의 정확한 원인은 아직 확실하지 않지만, 현재까지 알려진 바로는 뇌에서 주의집중능력을 조절하는 신경전달물질(도파민, 노르에피네프린 등)의 불균형에 의해 발생하는 것으로 생각됩니다. 또한 주의집중력과 행동을 통제하는 뇌 구조 및 기능의 변화로 인해 주의력결핍 과잉행동장애가 발생한다고 알려져 있습니다. 그리고 유전적 요인 또한 관련이 있으며, 일부는 임신 및 출산 시의 뇌손상, 영유아기의 심한 질병, 화학 독소 노출 등 다양한 요인에 의해서도 발생한다고 알려져 있습니다. 또한 부모와의 애착관계 등의 사회적 요인도 영향을 미칩니다.

•

주의력결핍 과잉행동장애의 증상은?

주의력결핍 과잉행동장애는 크게 두 가지 증상을 나타내는데, 첫 번째로 주의력결핍을 보입니다. 그 예로 학교에서 공작 등을 할 때, 종종 세세한 것에 집중하지 못하고 부주의한 실수를 저지릅니다. 또 수업을 듣거나 놀이를 할 때, 집중하는 데 어려움을 보입니다. 그리고 다른 사람들의 이야기를 들을 때, 종종 안 듣는 것처럼 보이거나, 무슨 일을 시작해도 곧바로 집중력을 잃고 쉽게 다른 데로 빠지는 모습이 관찰됩니다.

두 번째, 과잉행동과 충동성을 보입니다. 자리에 앉아 있으면서 손가락으로 무엇을 만지작거리거나, 톡톡 두드리거나, 몸부림치는 행동을 보입니다. 또한 앉아 있어야 할 상황에서 참지 못하고 자리를 떠난다거나, 부적절한 상황에서 뛰어다니거나 기어오르는 행동을 보이기도 합니다. 그리고 분주하게 행동하며, 지나치게 말을 많이 하기도 합니다. 자신의 차례를 기다리지 못하고 질문이 끝나기 전에 불쑥 대답을 내뱉는 경우도 있습니다.

주의력결핍 과잉행동장애가 학업에 미치는 영향은?

주의력결핍 과잉행동장애가 있는 아이들은 주의가 산만해 학업에 잘 집중하지 못합니다. 특히 학교 수업 중 자리에 가만히 앉아 있지 못하고 옆 친구들과 장난을 친다든지, 잡담을 자주 하며, 상황에 맞지 않는 질문 등으로 수업에 방해가 되기도 합니다. 특히 시간이 걸리는 수학 문제 풀기, 독서 등을 회피하는 경우가 많아, 학년이 높아질수록 학업 성적이 현저하게 나빠지는 경우가 많습니다.

주의력결핍 과잉행동장애는
나이가 들면 자연스럽게 좋아지나요?

예전에는 주의력결핍 과잉행동장애 증상들이 나이가 들고 성장하면 저절로 좋아진다고 생각했습니다. 하지만 주의력결핍 과잉행동장애를 가진 아동들을 20여 년 이상 추적 조사한 결과 무조건 나이가 든다고 증상들이 호전된다는 생각은 잘못된 것으로 밝혀졌습니다.

주의력결핍 과잉행동장애 아동의 15~20% 정도는 성인기까지 증상이 지속될 수 있으며, 자라면서 대부분 과잉행동은 호전되는 데 비해 충동적인 경향은 지속되는 경우가 많습니다. 다른 사람들보다 교통사고를 많이 내거나 직장을 자주 옮기고, 심할 경우 사회적응능력 부족으로 알코올중독에 빠지거나 약물남용의 위험이 증가하게 됩니다.

따라서 주의력결핍 과잉행동장애 아동의 경우 부모 및 가족 상담, 특수 치료, 행동 치료, 정신 치료 및 약물 치료 등의 방법을 병행하며 적절한 양육이 이루어지도록 부모가 노력해야 합니다.

•

꼭 약물 치료를 해야 하나요?

주의력결핍 과잉행동장애를 가진 아이들은 가정과

학교생활, 친구관계에서 문제를 일으켜 대인관계 부적응, 학업에 대한 의욕 저하, 학습 부진 등으로 인한 좌절감 및 부정적인 자아상 그리고 난폭한 성격을 갖기가 쉽습니다. 따라서 주의력결핍 과잉행동장애 증상이 있는 아이들에게는 적극적인 치료가 필요합니다.

점점 심해지는 A의 과잉행동 때문에 고민하던 엄마는 병원을 찾아 의사선생님께 A의 증상을 자세히 설명하였습니다. 증상을 들은 의사선생님은 약물 치료를 권유했습니다. 엄마는 어린 A가 약을 먹어야 한다니, 마음에 부담도 되고 혹시 모를 부작용으로 문제가 생기면 어쩌나 하는 걱정으로 눈물이 앞을 가렸습니다.

엄마는 의사선생님이 장기투약에도 안전한 약이며 중독이 되거나 내성이 생기지 않고, 머리가 나빠지는 부작용도 없다고 설명하자, 약을 복용시키기로 하였습니다. A가 약을 복용한 후 행동에 변화가 보이기 시작했습니다. 집중력과 기억력, 학습능력이 전반적으로 향상되는 모습을 보였는데, 과제에 대한 흥미가 커지고 주의산만함, 과잉행동과 충동성이 감소된 것이었습니다. 엄마는 변화된 A의 모습을 보고 의사선생님의 권유대로 약물 치료를 시작한 게 매우 잘한 일이라고 생각하였습니다.

주의력결핍 과잉행동장애의 치료는 사회-심리 치료 및 약물 치료가 상호보완적으로 필요합니다. 일반적으로 증상이 가볍거나 가정, 학교, 사회생활에 문제가 심각하지 않을 때는 자녀를 잘 돕도록 도와주는 부모 교육, 아이의 충동성을 감소시키고 자기조절 능력을 향상시키기 위한 인지행동 치료, 기초적인 학습 능력 향상을 위한 학습 치료, 놀이 치료, 사회성 그룹 치료 등 다양한 치료가 우선 시행됩니다.

그러나 가정, 학교생활에 문제가 큰 경우에는 약물 치료가 필요하며, 이는 가장 효과적인 치료 방법으로 알려져 있습니다. 약물 치료의 충분한 효과를 보기 위해서는 장기간(1년 6개월에서 2년)의 약물 치료가 필요하며, 정기적으로 치료 효과 및 약물의 부작용에 대한 평가도 진행해야 합니다.

〈주의력결핍 과잉행동장애 검사〉
(부모 및 교사용 단축형 코너스Conners 평가 척도)
관찰된 행동에 대해

0점: 없음, 1점: 약간, 2점: 상당히 있음, 3점: 아주 심함

❶ 차분하지 못하고 지나치게 활동적이다.

❷ 쉽게 흥분하고 충동적이다.

❸ 다른 아이들에게 방해가 된다.

❹ 한번 시작한 일을 끝내지 못한다. (주의집중 시간이 짧다.)

❺ 늘 안절부절한다.

❻ 주의력이 없고 쉽게 주의가 분산된다.

❼ 요구하면 금방 들어주어야 한다.

❽ 자주, 또 쉽게 운다.

❾ 금방 기분이 확 변한다.

❿ 화를 터뜨리거나 감정이 격하기 쉽고,
　 행동을 예측하기 어렵다.

- 부모평가 16점, 교사평가 17점 이상일 경우
  소아청소년정신과 전문의 진료가 필요합니다.

- 위 평가 척도는 주의력결핍 과잉행동장애를 진단하는 검사
  가 아니며, 높은 점수라고 하여 주의력결핍 과잉행동장애라
  고 말할 수 없습니다.

- 평가 척도의 점수가 높을 경우 소아청소년정신과에 방문하
  여 정확한 진단을 받아야 합니다.

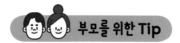 **부모를 위한 Tip**

주의력결핍 과잉행동장애 증상으로
자녀가 가정과 학업에 어려움을 느낀다면,

**1. 자녀가 자신감을 회복할 수 있도록 칭찬할 거리를 찾아서
   가능한 한 많이 칭찬해줍시다.**

주의력결핍 과잉행동장애 학생들은 충동적이고 산만한 행동
때문에 자주 야단이나 꾸중을 듣게 되며, 주변에서 말 안 듣
는 문제아로 평가되기 쉽습니다. 그래서 스스로 자신을 나쁜
아이, 뭐든지 잘 못하는 아이로 생각하게 되고 자신감이 떨
어지게 됩니다.

**2. 문제 행동을 지적할 때는 감정을 싣지 않고
   단순하게 지시하는 것이 좋습니다.**

부모나 교사가 자녀의 행동 때문에 흥분하거나 화를 내는
모습을 보이면 자녀가 그 모습을 쉽게 따라하게 됩니다.

**3. 위에서 언급한 주의력결핍 과잉행동장애 증상이 있는
   자녀가 있다면,**

증상의 경중을 따지지 말고 소아청소년정신과에
방문해 어떤 치료가 필요할지 상담하기 바랍니다.

　　A는 올해 고등학교 1학년이 되었습니다. 고등학교 입학 후, A는 마음을 굳게 먹고 공부를 열심히 했습니다. 그런데 문제가 하나 있습니다. 시험이 다가오면 긴장을 심하게 한 탓에 온몸에 땀이 차고, 가슴이 터질 것 같고 숨 쉬기도 힘들다고 합니다. 시험을 보고 나서는 내가 왜 그 답을 썼는지 이해하지 못할 때도 많습니다.

　　A는 어릴 때부터 소리에 매우 민감해서 시험 중에 어떤 작은 소리만 들려도 신경이 쓰여 시험에 집중을 잘 못합니다. 평소 스트레스를 받으면 호흡이 가빠지거나 목이 뻣뻣해지는 증상을 겪습니다. A의 부모님은 힘들어하는 자녀를 위해 여러 가지 몸에 좋다는 음식을 챙겨주고, 주말에는 공부 스트레스를 받지 않도록 일부러 놀게 한다고 합니다. 하지만 이러한 불안 증상은 시험이 없을 때는 잠잠하다가도, 시험 기간이 되면 다시 반복돼 여전히 걱정입니다.

6. 시험불안을
어떻게 줄일 수 있나요?

학생이 시험 때 긴장하는 것은 지극히 당연한 신체·정서적 반응입니다. 시험을 볼 때 긴장이 안 된다면 시험에 전혀 관심이 없는 학생이거나, 완벽하게 시험 준비를 해서 자신감이 넘치는 학생일 것입니다. 약간의 긴장은 집중력을 높여줘 시험을 더 잘 치르게 하는 긍정적인 면도 있습니다. 하지만 긴장의 정도가 너무 큰 경우에는 시험에 방해가 될 수 있습니다.

가톨릭대학교 성모병원 채정호 교수팀과 마음누리클리닉의 정찬호 원장팀이 재수생들을 대상으로 '시험불안과 수능 성적의 관계에 대한 연구(2003)'를 했습니다. 그 연구에서는 시험불안이 높은 학생들과 시험불안이 낮은 학생들을 두 집단으로 나눈 후, 그 집단들의 수능 성적의 평균을 비교하였습니다.

그 결과 시험불안이 높은 학생들은 시험불안이 낮은 학생들에 비해 수능 성적이 9.3점 낮은 것으로 나타났습니다. 연구 결과에서 보여주듯 지나친 시험불안은 학생들의 성적과 관련이 있습니다. 시험을 앞둔 학생들은 시험불안이 너무 높아지지 않도록 적극적인 대처가 필요합니다.

•

시험불안 증상은 어떤 것들이 있나요?

시험불안은 다양한 신체증상으로 나타납니다. 그 예로 시험 보기 직전에 또는 시험 생각만 해도 심장이 마구 뛰기도 하고, 몸이 떨리거나, 숨 쉬기가 힘들고 식은땀이 비오듯 나기도 하며, 갑자기 배가 아파 화장실에 자주 가게 되기도 합니다. 그리고 시험을 보는 도중에 눈앞이 캄캄해지고 머리가 백지장처럼 하얘지거나, '시험을 보는 중간에 실수하면 어떡하지, 시험을 망치면 어떡하지, 다른 친구보다 시험을 못보면 어떡하지.' 하는 걱정으로 시험에 집중을 못하기도 합니다. 또 안절부절 시험지만 계속 넘기기도 하고, 정답을 틀리게 쓰고, 손톱을 물어뜯거나 머리카락을 만지작거리기도 하며, 심지어 시험을 포기해버리기도 합니다.

•

불안한 마음을 어떻게 해결할 수 있을까요?

부모는 시험불안이 큰 자녀에게 어떻게 도움을 줄 수 있을까요?

첫째, 부모의 기대보다 시험 성적이 낮더라도 자녀에게 어떠한 비난과 책망을 하면 안 됩니다. 이러한 경험들이 자녀의 시험불안을 높이는 하나의 원인이 될 수 있습니다. 시험 결과가 기대에 못 미치더라도 다음에는 더 잘할 수 있다고 격려해주는 것이 필요합니다.

둘째, 시험 기간이 다가오면 자녀들은 해야 할 공부량이 버거워 좌절감부터 들고, 시험에 대한 불안감이 생길 수 있습니다. 심한 경우에는 등교를 거부하거나 가출하는 경우도 있습니다. 공부할 게 많아서 힘들어하는 자녀가 있다면, 능력에 맞게 구체적인 목표를 정할 수 있도록 도와줍니다. 무조건 많이 공부하는 게 아니라 자신의 목표를 설정하고 거기에 맞춰 공부하도록 하면, 학업 스트레스를 줄일 수 있습니다.

셋째, 자신의 체력은 살피지 않고, 무리하게 벼락치기식 밤샘 공부를 해서 오히려 시험 보는 당일에 무기력해지고 불안해지는 경우가 있습니다. 계획을 세우고 매일 조금씩 꾸준히 공부할 수 있도록 도와줍시다.

다음은 자녀들의 불안한 마음을 줄일 수 있는 방법입니다.

첫째, 자신에게 맞는 취미생활을 찾아 긴장을 풀도록 합니다. 학생은 공부만 하는 기계가 아닙니다. 학업으로 인한 스트레스를 풀 시간도 필요합니다. 적당한 휴식과 취미생활은 시험불안을 줄이고 효율적인 학업을 하는 데 꼭 필요합니다.

둘째, 시험을 코앞에 두고 한꺼번에 많은 양의 공부를 하려면 매우 힘듭니다. 이런 경우 학생들은 좌절감을 느끼기 쉽고 '공부를 끝까지 다 못해서 시험을 망치면 어떡하지?' 하는 불안감이 생길 수 있습니다. 미리 매일 적당한 시간을 정해 규칙적으로 공부하는 습관을 만들도록 합시다.

셋째, 시험 전날은 적절한 수면을 취하도록 합시다. 최근에 많은 학생들이 잠을 쫓으려고 다량의 카페인 음료를 섭취한다고 합니다. 하지만 시험 전날에는 카페인 음료의 섭취를 줄여야 합니다. 고농도의 카페인 음료를 마시면 쉽게 잠들지 못하고, 잠이 들어도 숙면을 취하지 못해 잘 깨게 됩니다. 시험 전날 잠을 설치게 되면 시험 시간에 졸리게 되고 집중이 잘 되지 않아 공부한 내용이 생각나지 않게 됩니다.

부모님의 기대보다
시험 성적이 낮더라도
자녀에게 비난과 책망을
해서는 안 됩니다.

 **부모를 위한 Tip**

시험불안으로 힘들어하는 자녀가 있다면,

**1. 시험 성적 때문에 자녀에게 비난이나
   잔소리를 하지 않도록 합니다.**
   성적이 기대에 미치지 못한다고 자녀를 책망한다면, 자녀는
   또 그럴까 봐 시험 때마다 더욱더 긴장하게 될 것입니다.

**2. 시험 기간에 공부할 게 많으면
   좌절감과 불안감이 생길 수 있습니다.**
   자녀의 능력에 맞는 구체적인 목표를 설정하고 평소에 규칙
   적으로 공부할 수 있도록 도와줍시다.

**3. 시험 기간 동안 자신의 체력을 고려하지 않고
   잠을 줄여가면서 무리하게 공부를 하면,**
   오히려 시험에 해가 될 수 있습니다. 시험 전날에는 적절한 수
   면과 휴식으로 긴장감을 풀어주도록 합시다.

중학교 3학년인 A는 컴퓨터 게임을 매우 좋아합니다. A는 승부욕이 심해, 친구들과 게임을 해서 지게 되면 분을 참지 못하고 이길 때까지 계속 게임을 합니다.

A의 부모님은 아이가 게임에 너무 빠져 공부하는 시간이 줄어들까 봐 걱정이 큽니다. 곧 고등학교에 진학해야 하는데 공부에는 관심이 없고, 게임만 하고 있으니 답답할 노릇입니다. 또 A가 게임을 하는 중에는 매우 민감해져서 부모님도 말 걸기가 힘듭니다.

게다가 A가 게임을 하느라 밤을 새는 일이 잦다 보니 아침에 제대로 일어나지 못하고 학교에 결석하는 날도 많습니다.

반면, A는 자신이 게임하는 걸 엄마가 이해 못한다고 불만입니다. 친구들도 다 게임하는데 나만 안 할 수는 없지 않냐고 불평입니다. 게임이 무조건 나쁘다고 하는 부모님의 잔소리도 듣기 싫다고 말합니다.

7. 게임중독도 병인가요?

최근 인터넷 게임중독이 사회적 문제로 부각되고 있습니다. 일정 시간이 지나면 청소년들이 인터넷 게임을 할 수 없게 하는 법이 생길 정도로 청소년들의 인터넷 게임중독은 이미 심각한 수준에 이르렀습니다.

아직 게임중독이라는 정식 병명은 없지만 다음의 9가지 행동 중 5개 이상일 때 게임중독을 의심할 수 있습니다.

첫 번째, 인터넷 게임에 몰두하여 일상생활에서

도 게임에 대해 생각하고 계획을 짭니다.

두 번째, 게임을 하지 못할 때 금단증상을 보입니다.

세 번째, 게임하는 시간이 늘어갑니다.

네 번째, 게임을 멈추는 것이 힘듭니다.

다섯 번째, 이전에 가졌던 취미나 활동에 흥미가 줄어듭니다.

여섯 번째, 게임으로 발생하는 문제를 알고 있어도 게임을 하며 지나친 시간을 보냅니다.

일곱 번째, 가족, 친구 등에게 게임하는 시간을 속입니다.

여덟 번째, 불안감, 죄책감, 무기력감을 없애기 위해 게임을 합니다.

아홉 번째, 게임 때문에 대인관계 문제, 학업 문제(무단결석, 지각, 조퇴 등)가 발생합니다.

·

게임중독의 원인은 무엇인가요?

게임중독의 원인은 다양합니다.

첫째, 게임중독은 다른 물질중독과 비슷하다고 할 수 있습니다. 게임을 반복하여 많이 하게 되면 우리 뇌는 자연적으로 게임으로 얻어지는 보상(성취감, 즐거움)에 대한 내성이 생기게 됩니다. 이러한 내성으로 게임에 대한 보상을 얻기 위해서는 더 많은 시간이 필요하게 되며, 결국 게임에 대한 조절 능력을 상실하게 됩니다.

둘째, 게임중독의 원인은 개인의 성격적 특성에서도 찾을 수 있습니다. 주로 회피적인 성향, 고독하고 내성적인 성향, 공격성과 적대성, 자극 추구형, 자기 조절 상실 및 자기애적 성향, 낮은 자존감, 불안한 상태와 기질, 낮은 감성 지수, 낮은 친화성 등의 성격적 특성을 가진 아이들이 게임중독에 빠지기 쉽다고 합니다.

셋째, 심리적 원인이 있습니다. 게임중독에 빠진

아이들은 현실에서 느낀 부정적인 감정을 없애기 위해, 스트레스를 풀기 위해, 또는 현실에서 얻지 못하는 대인관계를 사이버 공간을 통해 얻기 위해, 단순한 쾌락과 오락적 목적을 위해, 전지전능감, 조절감, 완성감 등을 얻기 위해 게임을 한다고 합니다.

앞에서 말한 세 가지 원인 이외에도 다양한 원인이 있을 수 있습니다. 우리 부모들은 다른 질환들과 마찬가지로 게임중독도 하나의 질환으로 인식하고 그 원인을 찾아 우리 아이들이 게임중독에 빠지지 않게 노력해야 합니다.

•

게임중독에 빠지면
다른 정신질환에 걸리기 쉽나요?

게임중독에 빠진 학생들에게는 공통점이 있는데 그것은 다른 정신질환 증상들이 동반된다는 점입니다. 특히 게임중독 환자들에게 빈도 높게 나타나는 증상은 우울증 증상입니다. 게임중독과 우울증 증상의 상관관계를 조사한 여러 연구에 따르면 비중독군과 비교했을 때 게임중독 환자들에게서 우울증에서 보이는 여러 증상들이 많이 관찰되는 것으로 나타났습니다.

이런 우울증 증상이 게임중독의 선행요인인지, 아니면 게임중독의 결과인지에 대해서는 아직까지 논란이 있지만, 게임중독에 빠진 아이들에게 우울증 증상이 쉽게 나타난다는 것은 사실입니다.

그리고 게임중독 학생들은 우울증 증상뿐만 아니라 일반인보다 충동성과 불안증상이 더 높게 나타난다고 알려져 있습니다.

•

우리 아이의 게임중독, 치료할 수 있나요?

부모님은 게임에만 빠져 있는 A가 매우 걱정되어 게임을 하는 시간을 줄일 수 있도록 도움을 주었습니다. 먼저 A의 방에 있던 컴퓨터를 거실로 옮겼습니다. 그리고 하루에 할 수 있는 게임 시간을 정해 그것을 지키도록 하였습니다. 그리고 A가 게임을 하고 있을 때 옆에서 자리를 지키고, 잘못된 행동과 말에 대해서도 지도를 하였습니다. 처음에는 A가 싫어하고 힘들어했지만, 부모님의 꾸준한 지도에 따랐습니다.

그리고 주말마다 부모님은 A와 함께 할 수 있는 시간을 만들었습니다. 날씨가 좋은 날에는 가까운 산에 등산을 같이 가기도 하고 A가 좋아하는 농구도 같이 하면서 인터넷 게임보다 더 재미있게 시간을 보내는 법을 알려주려고 노력했습니다. 부모님의 노력 결과 A도 점점 인터넷 게임을 하는 시간을 줄이고 그 대신 땀을 흘리며 운동하는 시간을 늘렸습니다. 그리고 주말마다 부모님과 함께 운동하는 시간을 기대하게 되었습니다.

게임중독을 치료하는 방법에는 크게 비약물적 치료와 약물 치료가 있습니다.

첫 번째, 비약물적 치료에 대해서 알아보겠습니다. 인지행동 치료는 게임중독 환자들이 가지고 있는 여러 가지 인지적, 행동적 문제를 교정하는 치료입니다. 그리고 보호자들을 대상으로 한 가족교육 및 가족 치료도 효과가 있습니다. 게임중독의 경우 환자 개인 뿐만 아니라 가족 전체의 문제이기 때문에 가족 치료가 필요한 경우도 많습니다. 그 외에도 미술 치료, 음악 치료, 캠프형 합숙 치료 등 다양한 치료법들이 현재 개발되고 있습니다.

두 번째, 게임중독 증상이 심한 경우에는 약물 치료가 필요합니다. 현재 게임중독에 많이 사용되고 있는 약물로는 항갈망제가 있습니다. 게임중독에 있어서 조절되지 않는 충동성은 증상을 악화시키는 가장 큰 원인으로 알려져 있습니다. 항갈망제는 게임중독을 악화시키는 충동성을 조절하는 데 도움을 줍니다. 또한, 게임중독으로 나타나는 증상들을 치료하기 위해 항우울제, 항불안제 등의 다양한 정신과적 약물이 사용되고 있습니다.

이처럼 게임중독의 치료에는 여러 가지 방법들이 있습니다. 따라서 각 개인에게 맞는 치료를 하는 것이 필요합니다.

게임중독을 치료하기 위해서는 인터넷, 주변 사람들의 말 등 불확실한 정보에 의존하지 말고, 반드시 소아청소년정신과 전문의와 상담하여 올바른 치료법을 정하는 것이 가장 중요합니다.

게임중독도 하나의 질환으로 인식하고 그 원인을 찾아 우리 아이들이 게임중독에 빠지지 않게 노력해야 합니다.

 **부모를 위한 Tip**

인터넷 게임에 빠져 있는 자녀가 있다면,

1. 컴퓨터가 자녀의 방에 있다면 거실로 옮겨 놓아야 합니다.

자녀가 공개된 장소에서 인터넷과 게임을 할 수 있도록 해야 합니다. 자녀가 혼자 인터넷과 게임을 하도록 방치하면, 폭력적이거나 선정적인 게임에 쉽게 노출되고 거기에 쉽게 중독됩니다.

2. 인터넷과 게임을 할 수 있는 시간을 정합니다.

자발적으로 게임 시간을 정하도록 도와주고 평일 기준으로 하루에 2시간을 넘기지 않도록 해야 합니다. 그리고 가급적 평일에는 게임을 하지 말고 주말에 인터넷과 게임을 할 수 있도록 해야 합니다.

3. 인터넷 게임보다 더 재미있는 활동과 놀이를 제공합니다.

가장 좋은 방법은 부모가 자녀를 위해 주말마다 시간을 투자하는 것입니다. 땀을 흘리며 하는 운동이 인터넷 게임보다 더 재미있고 유익하다는 것을 자녀가 깨닫게 도와줍니다.

*한국정보화진흥원 스마트쉼센터(www.iapc.or.kr)에서 인터넷중독 진단 및 게임중독 진단을 해볼 수 있다.

💓 친구가 필요해요!

"반마다 무리가 있고, 2, 3명 남는데, 힘 있는 애들은 이런 애들을 무시하고, 반 애들이 이런 애들한테 먼저 다가가지 않아요. 처음에는 말을 거는 편이었는데 점점 말을 안 거는 것 같아요. 무시하거나 이런 건 아닌데 먼저 다가가지 않았어요."(D, 여, 16세, 경기도)

"거기(그룹 안)에도 못 들어가는 친구가 있기는 해요. 한두 명. 소외받는 친구도 있고 육상 하는 애들(체육 전공자)도 있고. 그냥 말을 안 걸어요."(M, 남, 15세, 서울 강북)

"원래 친했던 친구가 그 학생이랑 멀어지면서 다른 애들한테도 소문을 퍼뜨리고, 걔에 대해서 안 좋게 말하거나 그러니까……. 친구 네 명이 있었는데 그중에서 한 명한테 가서 나머지 두 명을 이간질시키니까 저희도 화나서 이 한 명을 좀 혼내야겠다고 생각했죠."(H, 여, 15세, 경기도)

"애들이 욕할 만한 짓을 해 가지고 애들이 애(친구)를 욕하면 나도 욕먹을 수 있으니까 떨구는 것도 있어요. 아무 짓도 안 했는데 뒷담화를 하든가 카스(카카오스토리) 같은 데서 관종(관심종자)처럼 관심 끄는 짓을 했을 때 그 친구 욕을 해요."(K, 여, 15세, 서울 강남)

위의 인터뷰는 한국 청소년의 집단 따돌림에 대해 서울대학교 언론정보연구소에서 진행한 심층인터뷰(2016, 고예나 외 5명) 중 일부입니다.

8. 집단 따돌림은
어떤 식으로 이루어지나요?

우리나라에서 일명 '왕따'라고 불리는 집단 따돌림의 문제가 본격적으로 대두되기 시작한 것은 1990년대 중반 이후부터입니다. 최근에는 집단 따돌림 현상이 초·중·고등학교 학생들 사이에서 큰 문제가 되어, 피해 학생의 자살, 가해 학생의 구속, 피해 학생의 부모가 학교와 교육청에 손해배상을 청구하는 등의 일들이 발생하고 있습니다.

따돌림은 크게 두 가지 행위로 나타납니다. 직접적인 따돌림 행위와 간접적인 따돌림 행위입니다. 직접적인 따돌림 행위는 신체적인 공격뿐만 아니라 언어적인 공격 등이 있습니다. 반면, 간접적인 행위는 심리적, 관계적 따돌림으로, 그 예로는 루머 퍼뜨리기, 성적 제스처, 악담 등이 있습니다. 특히 간접적 형태의 따돌림은 직접적인 행위에 비해 쉽게 관찰되지 않는다는 점에서 부모 및 교사의 관리가 쉽지 않다는 게 큰 문제입니다.

•

집단 따돌림의 이유는 무엇인가요?

따돌림이 발생하는 가장 큰 원인은 친구(또래) 사이의 갈등입니다. 갈등은 청소년뿐만 아니라 모든 대인관계에서 자연스럽게 발생하지만, 청소년들은 자신이 상대에 대해 느끼는 부정적인 정서를 표출하거나 상대에게 나름대로의 징벌을 가하기 위해 따돌림이라는 방법을 이용하는 것으로 생각됩니다.

일반적으로 따돌림이 발생할 때는 나(우리)와 다름에서 시작하는 경우가 많습니다. 특히 청소년 시기에는 나와 타인의 다름을 수용할 수 있는 마음 이 부족합니다. 그래 서 외형적으로 다른 특징을 가진 아이들 이 따돌림의 대상이 되 기가 쉽습니다. 또한, 아이들  의 행동이 일반적이지 않다고 여겨지면 따돌림의 대 상이 되기도 합니다.

예를 들어 친구관계 및 대인 커뮤니케이션에 서 툰 경우, 한 분야에 열정적인 성향이 강해 자기만의 세계에 지나치게 몰입하는 경우, 눈치가 없는 경우, 성격이 지나치게 예민하거나 특이한 경우가 여기에 해당된다고 할 수 있습니다.

학교에서 일어나는 집단 따돌림에 대한 대처는?

사소한 폭력이나 욕설로 따돌림을 하는 행동에

대해서는 단호하게 대처해야 합니다. 집단 따돌림의 가해 학생들을 면담해보면 대부분 "장난이었다."고 말합니다. 그게 잘못인 줄을 모르는 경우도 많습니다. 사소한 폭력에 대하여 관대하게 넘어가면 더 큰 폭력이 나오게 됩니다.

전 세계에서 널리 쓰이는 왕따 예방 프로그램 중의 하나는 아무리 사소한 폭력과 욕설이라도 반드시 가해 학생이 피해 학생에게 사과의 편지를 쓰도록 하는 것입니다. 사과 편지의 내용은 '내가 언제 어떤 일을 너한테 했는데, 지금 생각해보니 내가 너에게 미안한 일을 했구나. 네가 설사 선생님과 부모님에게 이 일을 말한다고 해도 나는 너에게 섭섭해하지 않겠다. 다시는 이런 일을 네게 하지 않겠다.'라는 것이 들어가도록 하며 사과의 표시로 작은 선물도 주도록 합니다.

이런 예방 프로그램을 도입한 학교에서는 교내 폭력이 50% 줄어드는 것으로 보고되고 있습니다. 학교에서 이러한 프로그램을 도입, 관리할 수 있도록 학교 선생님들의 도움이 필요합니다.

·

그렇다면 부모들은 어떻게 해야 하나요?

집단 따돌림 가해 학생의 부모들 중 10명 중에 9명은 가해자의 따돌림 행위를 인정하지 않습니다. 오히려 다들 피해 학생이 문제를 유발했다고 생각합니다. 이게 가장 큰 잘못된 생각입니다. 마치 도둑이 '너희 집 보안이 허술해서 내가 도둑질을 했다.'라고 주장하는 것과 같은 논리입니다. 그러기에 피해자와 가해자 부모들 모두 집단 따돌림 문제에 관심을 가져야 합니다. '우리 아이는 아니겠지……'라는 생각이 지금도 왕따로 힘들어하는 학생들을 방치되게 합니다.

피해 학생의 부모는 아이에게 집단 따돌림은 부끄러운 것도 아니고 네가 잘못한 것이 아니라는 것을 잘 이해시키고, 같이 해결할 수 있는 문제라는 것을 인지시킵니다. 또한 아이들이 언제든지 부모에게 도움을 청할 수 있도록 밀접한 부모 자식 간의 관계를 형성하는 것이 중요합니다.

가해 학생의 부모는 가해자 역시 피해자가 될 수 있다는 것을 아이에게 주지시키고 피해 학생의 고통에 대하여 공감하고 상대방을 배려할 수 있도록 가정교육을 해야 합니다.

자녀의 학교생활과
교우관계에 문제가 있는지
자주 확인합시다.

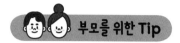 **부모를 위한 Tip**

집단 따돌림으로 힘들어하는 자녀가 있다면,

1. 먼저 자녀의 학교생활과 교우관계에 문제가 있는지 자주 확인합니다.

자녀의 문제를 확인할 수 있는 가장 좋은 방법은 평소 부모가 자녀와 사소한 것들도 이야기할 수 있는 관계가 되는 것입니다.

2. 집단 따돌림의 피해 학생이 있다면,

집단 따돌림은 부끄러운 것도 아니고 자신이 잘못한 것도 아니며 부모와 함께 해결할 수 있는 문제라는 것을 알려줍니다. 피해 학생의 부모는 담임선생님, 그리고 가해 학생 부모와의 상담을 진행하고, 가해 학생의 진심 어린 사과를 받는 등 집단 따돌림의 재발 방지와 피해를 입은 자녀의 정상적인 학교생활 복귀를 위해 적극적으로 대처해야 합니다.

3. 자녀가 집단 따돌림의 가해 학생이라면,

부모는 가해자도 피해자가 될 수 있다는 것을 인지시키고, 피해 학생의 입장을 공감할 수 있도록 교육해야 합니다. 그리고 피해 학생에게 진심 어린 사과를 하게 하여 다시는 그러한 일들을 하지 않겠다는 다짐을 받도록 합니다.

*117 학교폭력신고센터: 국번없이 117
 안전 Dream 홈페이지: www.safe182.go.kr
 모바일 어플리케이션: 117 chat

고등학교 1학년인 A는 중학교 2학년 때부터 담배를 피우기 시작했습니다. 입과 코에서 나오는 뿌연 연기에 호기심도 생기고, 주위 친구들도 흡연을 하고 있었기에 쉽게 담배를 배우게 되었습니다. 그리고 평소 부모가 자신에게 별다른 신경을 쓰지 않는 데 따른 반항심도 작용했습니다. 부모님은 넉넉하지 못한 가정형편 때문에 주말에도 일을 해야 하는 상황이었습니다.

A는 친구들과 몰려다니며 담배를 피울 때면 벌써 어른이 된 듯한 기분이 들기도 하고 또래의 다른 친구들보다 멋있어 보이는 것 같은 착각에 빠지기도 하였습니다. 시간이 지나면서 A와 친구들은 흡연에서 그치는 것이 아니라 서슴없이 음주까지 하게 되었습니다.

그렇게 무분별하게 지내던 A는 친구들과 술을 마시다 폭력사건에 연루되어 경찰서에 잡혀가는 일까지 일어나게 되었습니다.

9. 청소년들의 흡연과
음주 비율이 높은가요?

청소년건강행태 온라인조사(2016)에 따르면, 청소년 흡연율과 음주율은 최근 10년간 약간의 감소 추세를 나타내고 있지만 우리나라 청소년 중 현재 흡연을 하고 있는 청소년은 10명 중 1명 이상이고, 음주를 하고 있는 청소년은 5명 중 1명 정도인 것으로 나타났습니다.

통계에서 보듯, 청소년의 흡연율과 음주율이 매우 높음을 알 수 있습니다.

현재 흡연율

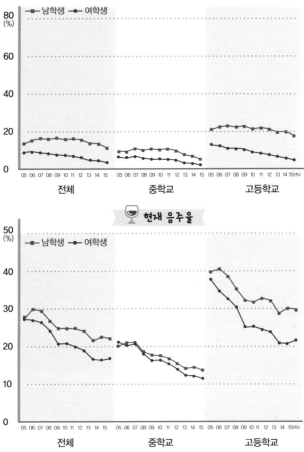

〈청소년건강행태 온라인조사(2016)〉

청소년기의 흡연과 음주는 어떤 영향을 주나요?

먼저 청소년기의 흡연과 음주는 건강에 나쁜 영향을 줍니다. 청소년은 계속 몸이 성장하고 있기 때문에 성인보다 더 큰 문제가 됩니다. 청소년 시기에 흡연과 음주를 한 친구들은 그렇지 않은 친구들에 비해 성인이 되어 암, 심혈관계 질환, 감염성 질환 등에 훨씬 취약해집니다. 또한 어린 나이에 흡연을 시작할수록 니코틴 중독이 심해져 늦게 흡연을 시작한 사람보다 흡연량이 더 많아지게 됩니다.

그리고 20세 이후에 담배를 피운 사람의 폐암 사망률은 담배를 피우지 않은 사람보다 9배 높은 반면, 15세 이전에 담배를 피운 사람은 폐암 사망률이 20배나 높은 것으로 알려져 있습니다. 또한 흡연과 음주를 하는 청소년들은 정신과적 문제를 동반하게 되며, 그중 특히 우울증, 자살 사고 등이 빈번하게 나타납니다. 그리고 학교에서는 문제학생으로 낙인 찍히기 쉽고, 수업에 흥미를 잃어 집중을 하지 못하고 점점 학업에서 멀어지게 됩니다.

•

청소년들이 흡연과 음주를 하는 이유는 무엇인가요?

첫 번째, 단순한 호기심으로 흡연과 음주를 시작합니다. 청소년을 대상으로 시행한 흡연에 관한 설문 조사에서 남자 중·고등학생의 경우 흡연하게 된 이유는 '호기심'이 각각 61.8%, 50.2%로 가장 많았습니다. 여자 중·고등학생의 경우에도 각각 61.1%, 58.5%로 흡연하는 학생들의 반 이상이 '호기심'으로 시작한 것으로 조사되었습니다(2007년 청소년 흡연율 실태조사, 한국 금연운동협의회).

두 번째, 또래 집단(친구)에서 제외되거나 멀어지지 않기 위해 흡연과 음주를 하기도 합니다. 청소년 시기는 가족 내 부모와 형제에게서 떨어져 친구들과 많은 시간을 보내게 됩니다. 또한 가족의 영향보다는 친구들의 영향을 더 많이 받는 시기이기도 합니다. 친한 친구들이 권유했을 때 친구들과 사이가 멀어지는 것이 두려워 흡연과 음주를 하기도 합니다.

　세 번째, 학생들이 스트레스를 해소하기 위해서 잘못된 방법인 흡연과 음주를 선택하고 있습니다. 우리나라 청소년들은 학업이나 진로와 진학에 대한 많은 스트레스를 받습니다. 하지만, 이러한 스트레스를 해결할 수 있는 환경이 부족하고 청소년들 또한 어떻게 스트레스를 해결해야 하는지 잘 알지 못하고 있습니다. 이러한 여러 가지 이유들로 인한 청소년들의 흡연과 음주는 학교와 가정에서 상당한 문제가 되고 있습니다.

●

청소년 흡연과 음주를 줄일 수 있는 방법은 무엇일까요?

　A는 하루에 담배 2갑을 피우고, 일주일에 3~4번 술을 마실 정도로 매우 심각한 수준이었습니다. 금연을 위해 전문가의 도움이 필요하다고 판단한 부모님은 A와 함께 금연 클리닉에 참여하기로 하였습니다. 처음에는 그런 곳에 가는 것이 부끄러워 참여하고 싶은 마음이 없었지만, A는 '더 이상 후회되는 삶을 살지 말자.'라는 다

짐을 하고 금연 프로그램을 성실히 이수하였습니다. 금단 증상이 오기도 하고 담배의 유혹도 만만치 않았지만, A는 금연에 성공하였고 더 이상 음주도 하지 않게 되었습니다.

청소년의 흡연과 음주를 억제하기 위한 가장 근본적이면서도 효과적인 대안은 부모가 먼저 모범을 보이는 것입니다. 또한 청소년 자녀에게 학교와 가정에서 흡연과 음주로 인하여 발생할 수 있는 문제점들을 교육하고, 친구들의 권유와 유혹에서 자기를 지킬 수 있는 자아 정체성을 확립할 수 있도록 도와줘야 합니다. 자녀 혼자서는 금연과 금주를 하기 힘들기 때문에, 적극적인 개입이 필요하며 금연 클리닉, 금주 클리닉 등과 같은 전문가의 도움을 받을 수 있는 기회를 제공하는 것이 가장 중요합니다.

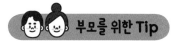 **부모를 위한 Tip**

흡연과 음주를 하는 자녀가 있다면,

1. 부모가 먼저 금연과 금주의 모범을 보여야 합니다.

청소년은 성인의 흡연과 음주 모습에 호기심을 가집니다. 부모의 모습이 곧 자녀의 모습이라는 것을 명심해야 합니다.

2. 자녀가 흡연과 음주로 인하여 발생하는 여러 가지 문제점들을 알 수 있게 합니다.

또한, 친구들의 권유와 유혹에 대처할 수 있는 방법을 함께 찾고 공유하도록 합니다.

3. 금연 클리닉, 금주 클리닉 등과 같은 전문가의 도움을 받도록 합시다.

흡연과 음주는 부모의 잔소리로 쉽게 고쳐지는 문제가 아니며 전문가의 도움이 꼭 필요하다는 것을 잊지 마시기 바랍니다.

* 금연 도움을 받을 수 있는 곳
금연길라잡이: www.nosmokeguide.or.kr
금연상담전화: 1544-9030

A는 고등학교 3학년입니다. 대학 입시가 얼마 남지 않아 마음에 부담감이 큽니다. 열심히 한다고 하지만 생각만큼 성적이 잘 나오지 않아 걱정이 날로 커지고 있습니다.

같은 반 친구들도 대입 수능 시험이 100여 일 앞으로 다가오면서 쉬는 시간, 점심시간에도 책을 펴놓고 공부를 하고 있습니다. A의 단짝인 B도 어제 새벽 1시까지 공부를 했다고 하고, 그래도 불안해서 새벽 2시까지 공부를 더 해야겠다고 합니다. 그 말을 들으니 더욱더 불안해집니다.

평소 잠이 많은 A는 밤 1시만 되어도 잠이 몰려와 책상 앞에서 꾸벅꾸벅 조는 시간이 더 많습니다. 친구들이 늦은 밤까지 공부를 한다고 하니 공부를 안 하면 뒤처질 것 같아 불안하고 공부하자니 잠이 몰려와 이만저만 힘든 게 아닙니다. 늦게까지 공부하느라 잠을 제대로 자지 못한 다음 날에는 수업시간에 꾸벅꾸벅 조는 경우가 많았습니다.

부모님도 예전에 공부할 때 잠 때문에 많이 힘들었다고 하셨고 그때는 '사당오락(四當五落)'이라는 말이 있었다고 하였습니다. 그런데 요즘은 '사당오락'이 아니고 '삼당사락'이라는 부모님의 말씀에, A는 지금도 수면 부족으로 공부하기 힘든데 더 잠을 줄여야 하는 건지 고민이 큽니다.

10. 수험생의
적절한 수면 시간은?

　예전 수험생들 사이에는 '사당오락'이라는 말이 있었다고 합니다. 문자 그대로 해석하면 '4시간 자면 합격하고 5시간 자면 불합격한다.'는 말인데, 최근에는 사당오락도 모자라 '삼당사락'이라는 말이 있으니 얼마나 잠을 줄여가며 공부를 해야 하는 건지 수험생 입장에서도 매우 힘든 상황이고 옆에서 지켜보는 부모님들은 더 힘든 상황입니다. 그런데 과연 잠을 줄여가며 공부하는 것이 좋은 결과를 가져올까요?

　2010년 통계청에서 발표한 '사회조사 등을 통해

바라본 우리나라 고3의 특징'에 따르면, 고등학교 3학년 학생들의 평균 수면 시간은 5.4시간이었고 학습시간은 11시간 이상으로 나타났습니다. 그리고 수면을 통해 피로회복이 충분히 됐다고 생각하는 고등학교 3학년 학생의 비율은 전체의 21%에 불과한 것으로 조사되었습니다. 그렇다면 청소년들의 적절한 수면 시간은 어떻게 될까요?

2016년 미국수면의학회AASM는 소아청소년의 연령별 적정 수면 시간 가이드라인을 발표하였습니다. 가이드라인에서 제시된 연령에 따른 적정 수면 시간은 낮잠을 포함해 4~12개월 영아는 12~16시간, 1~2세 어린이는 11~14시간, 3~5세 어린이는 10~13시간, 6~12세 어린이는 9~12시간, 13~18세 청소년은 8~10시간이었습니다. 현재 우리나라 중고등 학생은 13~18세에 해당하므로 최소 수면 권고 시간은 8시간 정도로 생각할 수 있습니다. 하지만 이러한 수면 권고 시간과 현재 우리나라 고등학교 3학년 학생들의 평균 수면 시간은 2시간 이상의 차이가 있습니다.

권고 수면 시간이 8시간이라고 해서 모든 청소년

들이 8시간씩 잠을 자야 한다고 말하는 것은 아닙니다. 왜냐하면 사람마다 필요로 하는 적절한 수면 시간에 개인차가 있기 때문입니다. 평소 건강하고 운동을 꾸준히 해서 체력을 기른 학생이라면 6시간만 자도 충분히 피로가 풀리고 정상적인 학교생활을 할 수 있을 것입니다. 반대로 8시간을 자도 잠이 부족하다고 느끼는 학생 또한 있을 수 있습니다. 따라서 수험생에게 적절한 수면 시간이라는 것은 수면을 취한 후에 학교생활에 지장이 없고 공부하는 데 집중력을 최대한 발휘할 수 있는 최소 시간이라고 생각하면 좋겠습니다.

•

적절한 수면을 하지 못하면 어떻게 되나요?

앞에서 소아청소년에게 권하는 수면 시간을 꾸준히 지켜야 집중력, 행동, 학습, 기억, 감정 조절, 삶의 질, 정신건강 등이 향상되는 건강한 생활을 할 수 있다고 강조했습니다. 즉, 소아청소년들의 평소 수면 시간이 권고 수면 시간보다 적을 경우 주의력과 행동, 학습에서 문제가 생길 수 있다는 것입니다. 또한 충분한 수면 시간을 갖지 못한 소아청소년에게 자해, 자살 생각, 자살 시도 위험이 증가한다고 합니다. 이외에도 수면 시간이 부족할 경우 사고와 부상, 고혈압, 비만, 당뇨병, 우울증 위험이 증가하는 등 건강상에 문제가 생긴다고 합니다.

●

효과적인 졸음 대처법은?

장시간 공부를 하면 우리의 뇌도 몸과 마찬가지로 피로를 느끼게 됩니다. 뇌가 피로를 느끼면 여러 가지 증상이 나타날 수 있는데, 그중 하나가 바로 졸림 현상입니다. 이러한 졸림은 자연스러운 현상이지만 공부를 해야 하는 수험생에게는 방해가 됩니다. 여기서는 수험생들에게 효과적인 졸음 대처법을 소개하고자 합니다.

첫 번째, 가장 효과적인 졸음 대처법은 바로 잠을 자는 것입니다. 졸음에 대처하는 좋은 방법이 자는 것이라고 하면 이상하게 들릴 수도 있습니다. 하지만 충분한 잠을 잘 수 없는 수험생들에게 한 가지 추천하는 방법이 있습니다. 그것은 너무 졸리고 집중이 안 될 때는 잠깐이라도 잠을 자는 것입니다. 밤에 자는 잠처럼 자는 것이 아니라 5분에서 10분 정도 잠깐 잠을 자고 일어나면 정신이 맑아지는 것을 경험할 수 있습니다. 외국에서는 효율적인 업무를 위해 점심을 먹고 잠깐 수면을 취하는 것을 권장하는 곳도 있다고 하니 수험생들도 효율적인 학업을 위해 졸릴 때는 잠깐 잠을 자는 것도 좋은 방법입니다. 그렇다고 밤잠처럼 길게 자면 절대 안 되니, 주위 친구 또는 부모에게 일정 시간 후 깨워달라고 부탁하는 것이 좋습니다.

두 번째, 평소 일정 시간 꾸준히 운동을 하는 것입니다. '체력은 국력이다.'라는 말을 들어보신 적 있으신가요? '체력(건강)은 실력(성적)이다.'라고 바꿔 말하고 싶습니다. 평소 운동으로 건강을 위해 투자한 학생들은 체력이 좋아져 쉽게 피로를 느끼지 않습니다. '체력이 달려 공부를 못 하겠다.'라는 말도 들어보셨을 것입니다. 좋은 체력이 있어야 학업도 능률적으로 할 수 있습니다. 건강을 위한 시간 투자는 곧 학업을 위한 투자라는 것을 학생들과 부모들은 잊지 마시기 바랍니다.

세 번째, 과식하지 않고 적절한 영양을 보충하는 것입니다. 공부를 하며 학생들이 받는 스트레스는 매우 큽니다. 이러한 스트레스를 먹는 것으로 푸는 학생들이 있습니다. 이것은 좋은 방법이 아닙니다. 적절한 영양은 중요하지만 과식을 하게 되면 배가 부르고 포만감이 느껴져 쉽게 졸리게 됩니다. 그리고 평소 운동을 꾸준히 하지 않는 학생이라면 비만 때문에 또 다른 건강상의 문제가 발생할 수 있습니다. 식사를 할 때는 적절한 영양을 위해 패스트푸드를 피하고 집에서 부모가 해주는 밥을 먹거나 집에서 먹을 수 없는 상황이라면 식당에서 영양가 있는 음식을 먹도록 합니다. 그리고 식사를 할 때 배가 부르도록 많은 양을 먹는 것보다 약간 모자라다는 느낌이 있을 정도로 먹는 것이 공부하는 데 도움이 됩니다.

 **부모를 위한 Tip**

공부할 때 졸음 때문에 힘들어하는 자녀가 있다면,

1. 본인에게 맞는 적절한 수면 시간을 찾아서 필요한 최소 수면 시간을 보장해줍시다.

과도하게 잠을 줄이면 학업에 오히려 방해가 됩니다. 하루에 4시간만 잠을 잔다고 원하는 대학에 진학하는 것이 절대 아닙니다. 적절한 수면으로 학업의 능률을 올리는 것이 필요합니다.

2. 평소 꾸준한 체력관리를 위해 운동을 합시다.

꾸준한 운동을 통해 체력을 키우면 쉽게 피로하지 않고 학업에 집중할 수 있습니다. 체력(건강)이 실력(성적)입니다.

3. 자녀가 과식하지 않고 적절한 영양을 보충하도록 도와줍시다.

과식을 하면 포만감으로 졸음이 쉽게 옵니다. 약간 모자란 듯 식사할 수 있도록 음식량을 조절해서 제공하고 패스트푸드 대신 밥을 먹을 수 있도록 교육합시다.

Part 4

공부하는 체력을
키우는 운동법

　체육시간 몇 명의 학생들이 선생님에게 "선생님, 배가 아파요." "몸이 안 좋아요!" 등의 이유를 말하고 열외가 됩니다. 불과 10년 전만 해도 그런 학생들은 별로 없었습니다. 오히려 아파도 아픈 걸 참으며 하고 싶다고 이야기하는 학생들이 더 많았습니다. 마냥 즐거워야 할 체육수업이 그냥 앉아서 참관하는 수업이 된 요즘 학생들을 볼 때면 마음이 아픕니다.

　"선생님, 죽을 거 같아요!" "더 뛰어야 해요?"라며 학생들의 아우성이 운동장에 울려 퍼집니다. 왕복달리기를 실시하면 1분도 안 되어 여기저기서 곡소리가 납니다. 심지어 몇 회 실시하지도 않았는데 다리가 풀려서 운동장에 털썩 주저앉는 학생들도 있습니다. 매년 체력측정을 실시할 때마다 학생들의 체력은 점점 약해지는 것을 알 수 있습니다.

1. 운동, 얼마나 하고 있나요?

대한민국은 학생들에게 '입시 지옥'이라고 합니다. 매일 무거운 가방을 메고 새벽부터 저녁까지 집, 학교, 학원을 오가는 아이들에게 삶은 고통이라고 할 수 있습니다. 이런 현실을 벗어나는 가장 좋은 방법은 취미활동을 꾸준히 하는 것입니다.

청소년의 다양한 취미활동 중에서 운동은 모든 아이들에게 건강을 지켜주고 스트레스를 해소해주는 으뜸가는 처방입니다. 하지만 통계청의 청소년 자료(2016)에 의하면 2004년과 2014년 청소년의 학업

시간과 운동시간을 비교해본 결과, 변화가 거의 없었습니다. 이는 운동과 체육수업의 중요성을 깨달은 미국, 일본, 유럽 등 여러 선진국이 '운동 기반 교육'을 강화하는 추세와 역행하는 것으로 안타까운 대한민국 교육의 현주소를 말해줍니다.

미국 하버드대학교 의과대학 존 레이티 교수가 "한국 학생들처럼 학교와 학원에서 대부분의 시간을 앉아서 보내면 뇌 기능이 저하되어 오히려 성적에 악영향을 줄 수 있다."라고 인터뷰에서 이야기한 것처럼 우리 아이들의 운동 지표는 심각한 수준임을 알 수 있습니다.

•

아이들의 체력 상태는 어떤가요?

학교에서는 팝스PAPS라는 체력측정을 합니다. 초등학교 5학년부터 고등학교 학생까지 매년 측정을 하는데, 측정항목 중에서 아이들이 가장 힘들어하는 것이 '왕복 달리기'입니다. 일정한 거리를 정해진 시간과 규칙을 지켜 몇 번이나 왕복해서 달릴 수 있는가를 측정하는 것입니다. 초등학교 5·6학년 남자아이를 기준으로 1등급에 들기 위해서는 5학년은 100회 이상, 6학년은 104회 이상 왕복해서 달려야 합니다. 평소 운동이 부족한 아이들은 최저 등급인 5등급(5·6학년 남자: 22회 이상, 여자: 18~20회 이상)에도 못 미쳐서 재평가를 받는 사례가 10명 중에 3명이나 될 정도로 체력 상태가 심각합니다.

2016년 보건복지부 청소년건강행태 온라인조사에서 '주 3일 이상 격렬한 신체활동(20분)을 하고 있는가?'에 대한 통계를 분석해보았을 때, 중·고등학교 남학생은 49.4%, 여학생은 24.9%로 남학생에 비해 여학생의 신체활동 빈도수가 매우 낮다는 것을 알 수 있습니다. 또한 중학생 때에 비해 고등학생의 신체활동이 급감함을 알 수 있습니다. 청소년의 운동시간이 10년 전과 후, 전혀 변동이 없었습니다. 이는 공부에만 초점이 맞춰져 있어서 청소년의 건강에 적신호가 켜져 있음을 의미합니다. 고학년이 될수록 운동과 멀어지는 것은 체력 저하의 원인이 되며, 뇌 활성화 및 집중력도 떨어지게 합니다.

•

여가시간에 뭐 하고 보낼까?

학생들과 상담을 하다 보면 여가시간에 무엇을 하고 노는지를 물어볼 때가 있습니다. 그럼 대부분의 아이들은 "그냥 멍 때리고 있어요." "게임하거나 TV를 봐요."와 같이 정적인 휴식만을 취하고 있다고 답하는 경우가 많습니다. 활발한 신체의 발달을 도모해야 할 청소년 시기에는 정적인 휴식과 동적인 휴식이 조화를 이루어야 합니다. 자신에게 유익한 여가시간을 보내는 지혜가 요구됩니다.

"잘 놀아야 공부도 잘 한다."라는 핀란드 교육에서 회자되는 말을 우리 청소년들이 실천하고 있는지를 되돌아보아야 합니다. 청소년건강행태 온라인조사의 '주중 1일 2시간 이상 앉아 있는 여가시간에 대한 통계'를 살펴보면, 중·고등학교 남학생은 45.4%, 여학생은 50.7%로 학교생활 중 쉬는 시간이나 점심시간에 1/2가량이 앉아서 시간을 허비하는 것을 알 수 있습니다. 게임, 수다 떨기, 멍 때리기 등으로 시간을 허비하는 학생들에게 공부와 체력에 도움을 줄 수 있는 운동을 되돌려주어야 합니다.

•

체력이 어느 정도인지 알아야 해요!

'과거에 비해 학생들의 체력이 현저히 떨어졌다.' 라는 각종 보도 자료를 볼 때마다 과연 무엇이 문제인지 고민하게 됩니다. 교육정책의 문제, 성적 위주의 학교 문화, 부모의 이기심 등을 생각하지만 정작 중요한 것은 따로 있습니다. 그것은 바로 꾸준한 운동 프로그램과 측정을 학생들 스스로 할 수 있도록 작은 실천부터 실행해야 한다는 것입니다. 탁상공론의 접근이 아니라 실천 위주의 접근 방식으로 가정에서도 학생들의 체력 문제에 접근해야 합니다.

학교에서 팝스로 청소년들의 체력을 측정하고 있다면 가정에서는 어떤 체력 테스트를 활용하면 좋을까요? 국민체육진흥공단 '국민체력 100' 프로그램에서 제시하는 청소년 체력 테스트 기준으로 자신과 우리 가족의 체력을 측정해봅시다.

'20m 왕복 오래달리기'는 지구력을, '윗몸 말아 올리기'는 근력을, '반복점프'는 근지구력을, '앉아 윗몸 앞으로 굽히기'는 유연성을 측정하는 운동법입니다. 주 1회 이상 꾸준히 측정해봄으로써 자신의 부족한 부분에 대한 운동 계획을 세우고 실천할 수 있습니다. 꾸준한 체력 운동이 아이들의 자신감과 학업에도 긍정적인 영향을 줄 것입니다.

청소년 체력 테스트 기준

성별	연령(만)	20m 왕복 오래달리기(회)			윗몸 말아 올리기(회)			반복점프(회)			앉아 윗몸 앞으로 굽히기(cm)		
		1등급	2등급	3등급	1등급	2등급	3등급	1등급	2등급	3등급	1등급	2등급	3등급
남	13	50	40	30	61	49	36	44	39	33	9.6	5.3	1.0
	14	56	46	36	60	48	37	48	42	36	10.9	6.5	2.1
	15	56	46	36	49	39	29	50	44	38	11.9	6.9	1.9
	16	57	47	36	49	38	27	50	45	39	13.8	8.9	4.0
	17	59	48	37	46	36	25	50	44	38	14.0	9.0	4.0
	18	61	49	37	53	41	29	52	46	40	14.8	9.7	4.6
여	13	32	25	19	44	37	25	31	27	22	16.6	12.0	7.4
	14	34	26	19	48	36	24	34	28	23	18.2	13.4	8.6
	15	32	26	19	50	36	23	35	29	24	19.1	14.3	9.5
	16	32	25	19	50	30	19	34	28	22	18.9	13.7	8.5
	17	35	27	19	50	29	19	33	27	21	18.9	13.5	8.1
	18	40	30	21	52	29	16	36	29	29	19.5	14.1	8.7

체력 테스트 양식

성별(남)	연령(13)	20m 왕복 오래달리기(회)			윗몸 말아 올리기(회)			반복점프(회)			앉아 윗몸 앞으로 굽히기(cm)		
		1등급	2등급	3등급	1등급	2등급	3등급	1등급	2등급	3등급	1등급	2등급	3등급
남	기준	50	40	30	61	49	36	44	39	33	9.6	5.3	1.0
	기록/등급	32/3			32/무			35/3			2.7/3		
	기준	56	46	36	49	39	29	50	44	38	11.9	6.9	1.9
	기록/등급	37/3			39/2			39/2			4.5/3		
	기준	59	48	37	46	36	25	50	44	38	14.0	9.0	4.0
	기록/등급	42/3			45/2			41/3			5.5/2		

A는 평범한 중2 남학생입니다. 가족관계도 원만한 아이입니다. 그런데 유난히 학교생활에는 흥미를 보이지 않습니다. 학업은 꾸준한 편이나 친구가 적은 편입니다. 개인 상담을 통해 알게 된 이유는 별로 친구들과 할 이야기가 없다는 것입니다. 취미활동으로는 독서가 유일한 아이였습니다.

이러한 A가 운동을 꾸준히 해보는 것이 어떻겠냐는 선생님의 충고에 따라 헬스클럽을 다니기 시작했습니다. 1학기가 지나고 2학기가 되자 A의 표정이나 행동이 많이 달라졌습니다. 말이 없고 소극적이던 아이가 적극적으로 친구들과 잘 어울리는 모습을 보였습니다.

수업이 끝나고 교무실로 가는 도중에 "선생님!" 하고 부르는 소리에 뒤돌아보니 A가 환하게 웃고 있었습니다. 그러고는 웃으면서 이렇게 이야기를 했습니다.

"선생님, 감사합니다. 사실 전 키가 작고 마른 편이어서 친구들 앞에 나서기가 꺼려졌거든요. 하지만 운동을 시작하고 변하는 제 몸을 보면서 생각이 바뀌더라고요. 운동을 하라고 권유해주신 덕분에 자신감이 생겼어요. 이젠 친구들 앞에서 주눅 들지 않고, 하고 싶은 말과 행동을 할 수 있어요!"

2. 달릴수록
성적이 올라가요

"0교시 체육수업을 내일부터 한다. 아침 8시까지 와서 운동장을 5바퀴씩 뛰도록!"

중간고사 후 첫 조회 시간에 담임선생님의 폭탄선언이 있고, 여기저기서 비명과 탄성이 나왔다. '왜 저러시지?'라고 생각했지만, 차마 손을 들고 왜 해야 하는지 질문할 수는 없었다. 체육복을 입고 오는 것도 귀찮고(나중에 교복으로 갈아입어야 한다), 아침부터 운동하고 공부하는 것이 영 싫었다. 아니 부담이 되었다. 하지만, 내가 좋아하는 담임선생님의 말씀이니 따라야 한다는 자포자기의 마음으로 매일 아침 달리기운동이 시작되었다. 처음 일주일간은 잠이 부족하여 속상했다. 아이들의 표정도 장난이 아니었다. 그렇게 한 달을 보내고 나니 적응이 되었다.

아침 달리기운동 덕분에 일단 일찍 자고 일찍 일어나게 되었고, 무엇보다도 수업시간에 졸지 않게 되었다. 나뿐만 아니라 우리 반 아이들 모두가 거의 졸지 않았다. 그렇게 시간은 흘러 1학기를 마무리하는 시험을 치르게 되었다. 시험 전날까지도 0교시 체육수업은 진행되었다. 하지만 어느 누구도 반대하지 않았다. 아침 운동 후에 공부를 하니 공부가 그렇게 힘들지 않다는 의견이 나를 포함해 다수를 차지했기 때문이다.

시험은 무사히 잘 끝났고, 성적을 발표하던 날 선생님의 떨리는 목소리가 지금도 생생하다.

"우리 반 29명 중 27명이 성적이 올랐어요! 무엇보다도 중간고사에 비해 반 평균이 3점이나 올랐어요. 모두 수고했어요!"

'0교시 체육수업'에 대한 국내외 많은 연구 결과가

언론과 교육계의 비상한 관심을 받고 있습니다. 아침 운동이 학습에 효과가 있다는 다양한 뉴스가 신문과 방송을 통해 나왔고 학교도 이에 발맞추어 아침운동을 권장하고 있습니다. 이는 아침부터 조용히 앉아서 공부하던 기성세대의 교육관과는 매우 다릅니다. 새로운 교육방침에 당혹스러워 하시는 부모들도 있었습니다.

운동과 성적은 비례관계라는 미국 캘리포니아주 교육부의 발표를 포함한 공증된 연구 결과를 보더라도 청소년에게 꾸준한 운동의 장소와 시간을 마련해 주어야 합니다.

•

사춘기에는 운동이 최고의 보약이에요

B는 지금은 대학교 1학년 여학생입니다. 초등학교 시절 일명 아이들 사이에서는 '일진'으로 통했던 적이 있었습니다. 유난히 덩치도 크고 힘이 세어서 아이들이 무서워하는 아이였습니다. 담임선생님이 문제아를 맡으면 맨 먼저 하는 것이 상담인데, B의 담임선생님은 반대로

운동을 권장하였다고 합니다. 학기 초 B를 부른 담임선생님의 "다이어트도 해볼 겸, 육상해보지 않을래?"라는 말에 B는 육상부 활동을 하게 되었습니다.

처음에는 힘이 들어 짜증도 내고 결석도 하였지만, 담임선생님의 꾸준한 지원 아래 적응하게 되었습니다. 운동을 꾸준히 하면서 표정이 매우 밝아지고 아이들과도 잘 지내는 모습을 보여주었습니다.

7월이 되자 교육장배 학년별 육상경기대회에 학교를 대표하는 육상선수로 참가하여 100m, 200m에서 은메달 2개와 계주 금메달을 따게 되었습니다. 처음으로 자신의 힘으로 상을 따게 된 것입니다. 지금은 대학생이 된 B는 방황하던 사춘기 시절에 육상이라는 운동을 통해 자신이 새롭게 변화될 수 있었다고 후배들 앞에서 자랑스럽게 이야기를 하곤 합니다.

사춘기를 우리는 질풍노도의 시기라고 합니다. 누구나 한 번쯤은 겪는 성장통이지요. 이러한 성장의 시기에 교사나 부모의 충고는 오히려 독이 될 수 있습니다. 그렇기에 B의 담임선생님께서는 상담보다는 체험의 기회인 운동을 권장했다고 생각됩니다.

청소년 시기는 자신이 직접 겪어보고 극복해보아야 합니다. 사춘기라는 바다를 헤쳐나가 정착할 땅에 내려서기 위한 준비 시간을 주어야 합니다. 또한 부모도 기다려주는 태도를 보여줘야 합니다. 운동을 통해 자신을 바로 알고 나의 정체성을 파악해야 합니다. 그래야 올바른 자존감을 형성할 수 있습니다. 사춘기에는 운동을 통한 처방이 최고의 보약이라는 것을 명심하길 바랍니다.

운동과 성적은 비례관계라는 연구 결과를 보더라도 청소년에게 꾸준한 운동의 장소와 시간을 마련해 주어야 합니다.

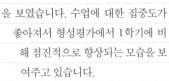

친구야! 잘 먹고 잘 놀자

초등학교 6학년 A는 아침밥을 먹지 않습니다. 그에 비해 같은 반 B는 아침밥을 먹습니다. 두 명의 아이들은 학기 초 실시한 진단평가와 팝스에서 비슷한 성적과 체력수준을 보였습니다. 그러나 4월에 들어서면서 A는 오전 수업시간에 졸거나 힘들어하였고, 자주 보건실에 갔습니다. 이에 비해 B는 3월과 별다른 점이 없었습니다.

5월이 되자 아이들은 교우관계에도 차이점을 보이기 시작했습니다. B는 모둠활동이나 놀이활동에서 적극적이고 친구들과의 관계 형성에 주도적인 반면, A는 매사에 지쳐 있거나 의욕적인 모습이 점차 줄어들었습니다. 결국 모든 교과의 수행평가에서 B는 차츰 성적이 올라가는 반면, A는 성적을 유지하거나 떨어지는 모습을 보였습니다.

그러자 선생님은 부모님과 여러 차례 상담을 통해 A가 아침밥을 먹는 습관을 들일 수 있게 지도하였습니다. 방학 동안 아침 밥을 먹는 습관을 들인 A는 2학기가 시작되자 표정부터 여유가 생기고, 친구들에게도 너그러운 모습을 보였습니다. 수업에 대한 집중도가 좋아져서 형성평가에서 1학기에 비해 점진적으로 향상되는 모습을 보여주고 있습니다.

3. 성격도 밝아지고
키도 크는 운동법

학교생활에서 건강과 공부를 모두 잡고자 한다면 '3고'를 잘 해야 합니다.

첫째, '먹고'입니다. 건강한 식단을 구성해야 합니다. 인스턴트 음식이나 일회용 음식은 피하고 집에서 부모가 해주는 '집밥'을 먹어야 합니다. 또한 영양소를 겸비한 다양한 음식물을 섭취해야 합니다.

둘째, '자고'입니다. 정해진 취침 시간과 취침 자세는 매우 중요합니다. 그렇기에 올바른 취침 자세를 알고 습관화할 수 있도록 노력해야 합니다. 평균 수면 시간을 지켜야 일상에서 오는 다양한 스트레스로부터 건강을 보호할 수 있습니다.

셋째, '놀고'입니다. 놀이를 통해 웃고 즐기면서 생활의 에너지가 충전됩니다. 더불어 놀이는 정신적, 신체적 소모 활동을 촉진하여 자신이 가진 역량을 발전시키는 기회가 됩니다. 이처럼 '먹고, 자고, 놀고'의 연결 고리라고 할 수 있는 운동은 건강한 삶을 실천하는 데 바탕이 됩니다. 국내외의 여러 학교에서 실험한 통계가 '운동이 공부에 도움이 된다.'고 말하고 있습니다.

또한 운동은 자신감과 사회성을 길러주는 중요한 역할을 수행합니다. 하지만 어떤 운동법이 있고 언제 실시하면 좋은지에 대한 정확한 자료는 많지 않습니다. 그렇기에 지금부터는 아이들 스스로 할 수 있는 운동법은 무엇이고 어떤 효과를 얻을 수 있는지 나이(초, 중, 고), 상황(개인, 짝), 시간(쉬는 시간, 점심시간)을 고려하여 소개하고자 합니다.

혼자서 놀 수 있는 손 마사지가 있어요

교실에서 항상 외톨이로 지내는 C가 있습니다. 다른 아이들과 어울려 놀다가도 자신의 생각대로 안 되면 화를 많이 내는 아이였습니다. 체육시간에도 마찬가지였습니다. 게임이나 시합에서 큰 덩치로 과격한 행동을 해친구들이 다치거나 자신의 감정을 억제하지 못하곤 하였습니다. 그런데 그런 행동이 어느 순간부터 차츰 줄어들기 시작했습니다. 얼굴 표정이 바뀌고 친구들과 사이 좋게 지내는 등 학교생활에 적응하는 모습을 보였습니다. 그래서 선생님은 C가 하는 행동을 주의 깊게 살피기 시작했습니다. 그랬더니 쉬는 시간에 책상에 앉아서 꾸준히 무언가를 하는 모습을 볼 수 있었습니다. 필통에서 꺼낸 필기도구로 손가락을 누르는 행동을 반복하고 있었습니다. 그래서 궁금한 선생님이 "C야, 지금 뭐 하고 있니?" 하고 물었더니 "선생님, 손 마사지를 하고 있어요. 이거 하면 마음도 안정되고 공부에 집중력도 올려준대요."라고 말했습니다.

과잉행동이나 과격한 행동으로 문제를 일으키는 학생들에게 심리적으로 도움을 줄 수 있는 운동법으로 마사지가 좋습니다. 마사지는 신경과 근육 계통에 자극을 주어 전신순환의 효과를 높여줍니다. 마사지 방법으로는 주무르거나 마찰을 일으키는 압박법과 손의 측면으로 피부 표면을 두드리는 타법 등이 있습니다.

여기서는 학교에서 10분 이내의 쉬는 시간에 활용할 수 있는 '필기도구를 활용한 손 마사지' 방법을 소개합니다. 준비물은 필기도구 하나면 됩니다.

활동 순서는 왼손바닥을 펴고 오른손에 펜을 들고 지정하는 왼손가락 부분을 눌러줍니다. 왼손이 끝나면 오른손도 같은 방법으로 마사지를 합니다. 좀 더 자세하게 살펴볼까요?

우선 엄지 첫 번째 마디를 10초간 눌러줍니다. 5초 휴식 후 5회 반복합니다. 그리고 검지 끝을 10초간 눌러줍니다. 이어서 5초 휴식 후 5회 반복합니다. 앞의 요령처럼 다섯 손가락을 순서대로 10초간 눌러주고 5초 휴식 후 5회 반복하면 됩니다. 이처럼 손 마사지를 하면 혈액 순환과 스트레스 해소에 도움이 됩니

❶엄지 마사지　❷검지 마사지　❸중지 마사지　❹약지 마사지　❺소지 마사지

다. 특히 손을 자극하는 운동을 하면 뇌의 소뇌부분이 발달합니다. 또한 학습에 영향을 미치는 뇌의 발달을 이끄는 신경세포를 활성화시키며, 집중력과 성취욕도 증가시킵니다.

·

남녀가 함께 할 수 있는 짝체조가 있어요

학기 초 초등학교 3학년 교실은 정신이 없습니다. 남자아이들의 괴성과 여자아이들의 비명이 울려 퍼집니다. 하지만 그것보다 더 심각한 것은 남자아이들과 여자아이들이 유난히 싸움을 많이 한다는 것입니다. 아이들의 성장 발달 단계를 고려해볼 때, 초등학

교 3학년 시기는 성 정체성을 인식하고 자신의 주장을 말하기 시작하는 시기입니다. 그래서 초등학교 3학년 학생들의 교실은 전쟁터 같습니다.

이러한 분위기가 계속되면 아이들의 학습에도 악영향을 줄 수 있습니다. 이때는 전쟁을 끝낼 수 있는 평화 조약이 필요합니다.

이 평화 조약은 바로 남녀 학생이 함께 할 수 있는 '짝체조'입니다. 담임선생님은 처음에는 약간의 신체 접촉이 있어서 망설였으나 운동이 아이들에게 도움을 줄 수 있다는 확신을 가지고 쉬는 시간을 이용하여 짝체조를 꾸준히 실시하였습니다. 그러자 4월 중순부터는 3월 초와는 다르게 아이들의 싸움이 줄어들었습니다. 게다가 학습에 대한 의욕과 집중력이 향상되어 수업이 활발하게 진행되었습니다.

이처럼 남녀 학생이 쉬는 시간을 이용해 할 수 있는 운동법으로 체조가 있습니다. 일정한 기구나 시설을 이용하지 않고 맨몸으로 하는 체조를 '맨손체조'라 합니다. 맨손체조의 종류로는 '꾸미기체조', '일련체조', '짝체조' 등이 있습니다. 여기서는 그중에서 2명이

짝을 이루어 서로의 몸무게에 따른 저항력을 활용한 짝체조를 소개합니다.

짝체조의 전체적인 순서는 좌우로 손뼉치기(16회 반복), 어깨 잡고 눌러주기(16초간), 옆구리 늘려주기(16초간, 자리 바꿔서 하기), 서로 버텨주기(16초간), 마주 잡고 앉았다 일어서기(16회 반복)입니다. 이 동작들을 처음부터 끝까지 5번 반복합니다.

짝체조를 꾸준히 하면 신체 조절 능력과 근력이 강화되고, 친구와의 접촉을 통해 안정감과 배려하는 마음을 키울 수 있습니다. 이는 학습에 필요한 정신적 안정을 주어 학습의 효과를 높이게 됩니다.

점심시간에는 키 크는 스트레칭을 하세요

초등학교 점심시간은 매우 분주합니다. 남녀 학생이 2줄로 맞추어 담임선생님과 함께 교실에서 급식소까지 정해진 식사 시간에 이동합니다. 학생들은 마냥 떠들고 즐거워하지만 선생님은 학생들이 이동 중에 부딪치거나 넘어질까 걱정하면서 인솔해 갑니다.

식사가 모두 끝나는 데는 길어야 20분밖에 걸리지 않습니다. 학생들은 점심시간의 남은 40분을 자유롭게 자신이 하고 싶은 것을 하며 보내게 됩니다. 그런데 이 즐거운 시간에 교실에 가만히 앉아 있는 학생들이 많습니다. 그런 학생들을 유심히 살펴보면, 수다를 떨거나 혼자서 조용히 아무것도 하지 않습니다. 학생들에게 무조건 나가서 놀라고 하면 휴식 시간마저 빼앗는 것 같아, 선생님들은 어떻게 할지 고민입니다.

이런 경우 점심시간에 학생들 스스로 할 수 있는 간단한 스트레칭을 소개해주면 좋습니다. 스트레칭은 근육을 수축하고 이완하는 과정을 통해 근육의 유연도를 최대로 증가시키는 유연운동이라고 할 수 있습니다. 스트레칭은 스스로 근육에 힘을 가하여 펴줌으로써 관절의 유연성을 발달시키는 운동으로, 자세는 같더라도 관절을 중심으로 움직임의 차이에 따라 동적 스트레칭과 정적 스트레칭으로 나뉩니다.

여기서는 점심시간에 혼자서 할 수 있는 '키 크는 스트레칭'을 소개합니다. 각 동작은 10초간 유지해야 하며 각 5회씩 반복해야 합니다.

스트레칭을 꾸준히 하면 유연성이 발달하여 근육 부상을 방지할 수 있습니다. 또한 근육이 이완되고, 호흡을 하며 스트레스가 해소되어 학습에 필요한 기억력을 향상시키고 원만한 교우관계를 형성하는 데 도움을 줍니다.

키 크는 스트레칭

❶ 머리 당기기

❷ 머리 위로 어깨 펴기

❸ 머리 위로 어깨 당기기

❹ 허리 숙이기

❺ 무릎 누르기

❻ 상체 일으키기

❼ 팔다리 들어 올리기

❽ 허리 뒤로 젖히기

❾ 어깨 누르기

❿ 대퇴근육 늘리기

⓫ 종아리 늘리기

체중을 조절하는 데 도움을 주는 짝줄넘기

점심시간만 되면 학교 건물 그늘진 곳이나 넓은 공터에서 줄넘기를 하는 학생들을 자주 볼 수 있습니다. 초등학교 6학년 아이들이 2명씩 줄을 잡고 공터에서 짝줄넘기를 합니다. 호흡을 맞추면서 소리도 지르며 하루의 스트레스를 풀듯이 매우 즐겁게 놉니다. 그 무리 속에서 D는 눈에 잘 띄는 아이입니다. 몸무게가 70kg에 이를 정도로 덩치가 크고 몸이 둔한 아이입니다.

그런 D가 줄넘기에 재미를 들이고 벌써 3개월이 넘게 점심시간마다 열심히 줄넘기를 하고 있는 것입니다. D는 원래 적극적인 성격의 아이였으나 3학년 때부터 급격히 몸이 커지고 살이 쪄서 다소 위축된 학교생활을 하였습니다. 그러다가 6학년 체육시간에 짝줄넘기를 통해 운동의 재미를 느끼고 매일 아이들과 어울려 짝줄넘기를 해오고 있습니다.

한때 70kg에 달하던 D는 52kg로 다이어트에 성공하고 성격도 옛날처럼 밝아졌습니다.

체중을 조절할 때 초등학교에서 가장 기본적으로 실시하는 운동이 줄넘기입니다. 줄넘기 종류는 개인 줄넘기, 음악줄넘기 등 매우 다양합니다.

짝줄넘기의 줄은 개인 줄을 가장 길게 늘리거나 짝줄(3m)을 사용하면 됩니다. 활동 방법으로는 2명이 서로 마주 보고 줄을 넘는 '2인 맞서서 뛰기'와 2명이 옆으로 서서 앞을 보면서 뛰는 '2인 번갈아 뛰기'가 있습니다. 이 운동법은 아이들의 협응능력을 향상시키고 성장판을 자극해 성장에 도움을 줍니다. 또한 기구를 활용하는 줄넘기 운동은 학습에서 요구하는 자기조절 및 문제해결 능력 향상에 긍정적인 영향을 줍니다.

짝줄넘기

❶ 2인 맞서서 뛰기

❷ 2인 번갈아 뛰기

　A는 중3 남학생입니다. 5월 내내 방과 후에 친구들과 같이 학원에서 공부를 한다고 했지만, 성적이 떨어져서 어머니로부터 꾸중을 듣고 일주일 내내 표정이 어둡습니다. 수업이 끝나고 쉬는 시간에는 잠이 부족한지 엎드려 잠을 자거나, 일어나도 하는 일 없이 복도를 왔다갔다하기만 하였습니다.

　담임선생님은 상담시간을 통해 A와 다양한 이야기를 해보았습니다.

　"A야, 요새 힘들지?"

　"네, 나름대로 한다고 하는데 성적도 안 오르고, 엄마는 친구들하고 쓸데없이 어울려 다니니까 공부가 안 된다고 해서 친구들을 안 보려고 하는데, 외롭고 재미없어서 공부가 더 안 되는 것 같아요."

　선생님은 이러한 A를 잘 다독이고 작은 실천부터 해보는 것이 어떻겠냐고 하면서 쉬는 시간 짬짬이 할 수 있는 운동을 소개해주셨습니다. A는 맨 처음에는 쑥스러워했지만 친구들과 함께 할 수 있는 운동을 하니 표정도 밝아지고 친구들과도 사이가 좋아졌습니다.

4. 활동적인 학생을 위한
강도 높은 운동법

　학교에서 쉬는 시간의 학생들 모습을 보면 화장실에서 볼일을 본 후에 잡담을 하거나, 복도를 배회하는 경우가 많습니다. 짬을 내서 자신이 하고 싶은 것을 하기에는 10분의 시간은 다소 부족하기 때문입니다. 청소년들이 쉬는 시간을 아깝게 허비하는 일이 없도록 이 장에서는 10분 이내에 체력을 증진하고, 교우관계 개선과 학습 집중력을 높여줄 수 있는 운동법을 소개하고자 합니다.

먼저, 짧은 시간에 매우 큰 효과를 볼 수 있는 서킷 트레이닝을 소개합니다.

활동 순서는 다음과 같이 4가지로 정리할 수 있습니다. 첫째, 다음 사진과 같이 6가지 자세를 1세트로 구성하여 실시합니다. 둘째, 한 자세당 20초를 실시합니다. 셋째, 다음 자세까지 10초간 휴식합니다. 넷째, 3~5세트 반복합니다.

친구와 함께 하는 서킷 트레이닝을 통해 교우관계가 좋아지고, 균형 잡힌 몸매를 가질 수 있습니다. 또한, 서킷 트레이닝과 같이 강한 운동을 실시하면 뇌의 혈류량이 증가하면서 뇌 세포의 활동량이 증가합니다. 이는 뇌를 학습을 위한 최적의 상태로 만들어줍니다. 자세한 사항은 '다이어트학교 TV'를 검색하여 동영상을 보고 따라해보세요.

●

엉덩이가 들썩들썩하는 국민건강체조

체조는 신체의 발육과 건강을 위하여 몸을 조직

❶ 스쿼트

❷ 푸시업

❸ 버피

❹ 레그 라이즈

❺ 점핑 잭

❻ 탭 플랭크

적으로 움직이는 활동을 말합니다. 부모는 구령에 맞추어 준비운동으로 했던 국민체조나 도수체조가 생각날 겁니다. 여학생의 경우 대부분 팔다리에 근육이 생기는 것을 싫어합니다. 그렇기에 지구력 중심의 운동을 원하는 경우가 많습니다. 또한 음악에 맞춰 동작을 따라하는 춤과 같은 운동을 좋아합니다. 그러한 요구에 부응하면서 하루 종일 의자에 앉아 공부하는 학생들을 위한 체조로 국민체육진흥공단의 '앉아서 하는 체조'가 있습니다. 전체 활동 순서는 크게 4가지로 총 18가지 동작을 아래와 같이 실시합니다.

〈'앉아서 하는 체조' 순서〉

❶ **땅 두드리기:** 가볍게 손목 털기
❷ **하늘 보기:** 기펴기, 날개펴기, 팔굽치기, 손등치기, 몸통돌리기, 등다리펴기, 상체늘리기
❸ **사람 마주 보기:** 휘돌리기, 어깨돌리기, 몸틀어 손날치기, 금강막기, 주먹지르기, 팔뻗기, 어깨춤추기
❹ **하나 되기:** 휘돌리기, 팔밀기, 호흡하기

국민건강체조는 바른 자세 교정에 효과가 있으며 거북목이나 척추측만증을 예방할 수 있는 운동법입니다. 자세한 사항은 국민체육진흥공단 홈페이지의 동영상을 참고하세요.

•

천천히 꾸준히 하세요

B는 고등학교 1학년 여학생입니다. 성격도 좋고, 친구들과 잘 지냅니다. 가족과의 관계도 원만하여 항상 표정이 밝지만, 친구들 앞에서 말하거나 발표하기를 주저하는 모습을 가끔 보입니다. B는 자신의 생각을 논리정연하게 글로 잘 표현하여 교내 대회에서 상도 받는 아이였는데, 이상하게 말로 표현하는 것은 매우 힘들어하였습니다. 선생님이 이런 저런 이야기를 나눠보니, B는 자신이 다른 친구에 비해서 비만이라는 점 때문에 의기소침한 상태였습니다. 이를 듣고, 선생님은 자연히 다이어트 운동법에 대해서 정보를 나누면서 꾸준하고 지속적인 운동이 필요하다고 말해주었습니다.

선생님은 B에게 쉽고 누구나 할 수 있는 '걷기'와 '달리기'를 추천해 주었고, 그로부터 2개월이 지나 B는 고2가 되었습니다. 1학년 때와는 다르게 조별 발표나 친구들 앞에서 당당하게 자신의 이야기를 말함으로써 국어 수행평가에서 좋은 점수를 받았습니다. B 본인도 자신의 이런 변화에 놀라워하며 발표에 힘들어하는 친구들에게 자신의 노하우를 전하는 건강전도사가 되었습니다.

B의 경우처럼 자존감이 낮은 학생은 자신의 현재 상황을 극복하거나 개선할 수 있도록 일상에서 할 수 있는 운동을 실천해야 합니다. 그렇게 자신의 약점을 강점으로 만들 수 있는 기회가 많을수록 발전하는 청소년 시기를 보낼 수 있습니다.

공부 시간도 부족한 고등학생들에게 평소 쉽게 할 수 있는 운동법으로는 '걷기'와 '달리기'를 추천합니다. 올바른 걷기와 달리기는 공부와 자존감에도 긍정적인 영향을 줍니다.

한국스포츠개발원^{KISS}과 국민체육진흥공단에서 개발한 동영상 자료를 찾아보고 참고하기 바랍니다.

체지방을 소모시키는 걷기

　체중 조절의 가장 큰 적은 요요현상입니다. 하지만 걷기를 통한 체중 조절은 거의 요요현상이 없습니다. 그렇다면 걷기 운동은 얼마만큼의 칼로리를 소모할까요? 스마트폰에 '칼로리 계산기'라고 검색창에 치면 수십 가지의 어플리케이션이 나옵니다. 자신에게 적절한 어플리케이션을 선택하여 사용해보세요.

〈운동 칼로리 계산기 이용법〉

❶ 포털사이트 검색창에 '칼로리 계산기'를 검색합니다.

❷ 검색결과 중 '운동 소비량 칼로리 계산기-계산기' 사이트를 클릭합니다.

❸ '활동(걷기)'을 선택하고 몸무게와 운동시간을 입력합니다.

❹ 새 창이 뜨면 '운동칼로리 계산'의 종목(걷기), 몸무게, 시간을 입력하고 계산하기를 누릅니다.

❺ 그러면 걷기 운동을 실천한 자신의 칼로리 소모량이 나옵니다.

걷기의 올바른 자세

시선은 30~50m 전방을 바라본다.

입과 코는 호흡할 때 모두 이용한다.

가슴은 활짝 펴서 숨을 충분히 들이마실 수 있게 한다.

손은 가볍게 말아 쥔다.

배는 약간 힘을 주어 안쪽으로 당긴다.

무릎은 150~160도를 유지한다.

머리는 똑바로 들어 지면과 수직이 되도록 한다.

등과 허리는 곧게 펴서 지면과 수직이 되게 한다.

팔은 90도 정도 구부려 자연스럽게 앞뒤로 흔든다.

착지는 뒤꿈치가 먼저 지면에 닿아야 한다.

보폭은 지나치게 넓거나 좁게 하지 말고 자연스러운 보폭을 유지한다.

자녀들의 몸무게를 줄이기 위한 올바른 걷기 자세와 운동법을 알아볼까요? 걷기는 45분 이상, 거리는 3km 내외를 일주일에 3~4회 정도 걷는 것이 좋습니다. 이것이 숙달되면 걷는 속도를 변화시켜 점차 빠르게 걷습니다. 익숙해지면 점차 속도, 시간, 거리를 증가시킵니다. 이렇게 걷기를 꾸준히 하면 기분 전환과 스트레스 해소에 도움이 되고, 학습에서 요구하는 인지능력이 향상됩니다. 그리고 체지방 감소와 혈압이 조절되는 등 신체 발달과 변화에 효과가 있습니다.

•

아이들을 행복하게 하는 달리기

학교를 다니고 있는 4명의 자녀들에게 "일주일에 숨이 차게 달리기를 몇 번이나 하니?" 하고 물어보자 곰곰이 생각하던 아이들이 "매일, 5번, 2번, 1번."이라는 다른 대답을 하였습니다. '매일'은 남자 초등학생이, '5번'은 남자 중학생이, '2번'은 여자 중학생이, '1번'은 여자 고등학생이 말했습니다. 이처럼 초등학

달리기의 올바른 자세

허리와 등을
곧게 펴고 달린다.

가슴을 펴고
턱을 약간 당긴
자세에서 시선은
전방 10~15cm를
바라본다.

팔을 자연스럽게
앞뒤로 흔든다.

엉덩이를
심하게
흔들지 말고
자연스럽게
움직인다.

팔의 움직임과
함께 어깨를
자연스럽게
좌우로 돌린다.

넓적다리와
허리의
힘을 빼고
발목으로
달린다.

배에 힘을 주고
달린다.

발 뒤꿈치 바깥쪽을
시작으로
발 가장자리에서
엄지 발가락 쪽으로
체중을 싣는다.

발바닥이 마지막으로
지면에 닿는 순간
가볍게 바닥을 밀어
힘들이지 않고
속도를 낸다.

교-중학교-고등학교로 올라갈수록 아이들이 뛰어 놀 수 있는 기회는 줄어들고 있습니다. EBS에서 학생들을 대상으로 조사한 행복만족도 또한 초〉중〉고의 비율로 학년이 올라갈수록 하향식 계단구조를 나타내고 있습니다.

행복지수를 스스로 높이는 방법으로 점심시간 운동장에 나가서 달리기를 실천해보세요. 친구들과 함께 뛰어도 좋습니다. 바람을 가르며 뛰는 기분은 달려본 사람만이 알 수 있습니다. 전신운동인 달리기를 통해 공부의 스트레스를 날려버릴 수 있습니다.

달리기 운동을 하기 전에는 충분한 준비운동을 해야 합니다. 준비운동이 끝나면 천천히 속도를 증가시키며 달리기를 합니다. 달리기가 끝나고 난 후 제자리 걷기를 하여 심장의 부담을 서서히 줄이며, 체조 등을 통하여 경직된 근육을 풀어주어야 합니다. 이렇게 일주일에 24km 정도 범위 내를 달리는 것이 좋습니다.

걷기와 마찬가지로 체중 조절 효과도 있지만, 달리기는 심폐지구력을 키워주고 도파민, 에피네프린,

노르에피네프린 등의 호르몬을 증가시켜 평상시보다 학습효과를 20% 이상 높여줍니다.

공부시간도 부족한 고등학생들에게 평소 쉽게 할 수 있는 운동법으로는 '걷기'와 '달리기'를 추천합니다.

A는 한쪽 다리가 불편한 중2 남학생입니다. 초등학생일 때 교통사고로 다리를 다쳐 정상적으로 걸을 수가 없습니다. 초등 학교 시절 축구를 매우 좋아했으나 이제는 운동장만 바라보는 처지가 되었지요.

A는 걷기도 힘들어, 주로 자가용으로 학교에 등교합니다. 점 차 몸은 비대해지고, 팔다리의 근육이 빠졌습니다. 몸이 불편해 지고 학교에서 눈에 띄게 말도 줄어들었지요. 체육수업에서도 열외가 되자 문제는 더욱 심각해졌습니다. 그래서 담임선생님 은 A에게 큰 움직임이 없이도 운동효과가 있는 '저항밴드 운동' 을 해볼 것을 권하였습니다. 그로부터 6개월 동안 꾸준히 '저항 밴드 운동'을 실천한 A는 상태가 많이 호전되어 격렬한 활동을 제외하고는 모든 수업에 적극적으로 참여하게 되었습니다. 이 제는 쉬는 시간이나 집에서도 공부 틈틈이 '저항밴드 운동'을 꾸준히 하고 있다고 합니다.

5. 나에게 맞는
체력향상 운동 프로그램

어린 시절 사고를 당했거나 신체의 특정 부위가 빈약한 학생들에게는 근력과 지구력을 향상시키기 위한 운동법이 좋습니다. 근력과 지구력을 향상시키는 데 도움이 되는 프로그램으로는 맨몸운동, 웨이트 트레이닝, 저항밴드 운동, 서킷 트레이닝 등이 있습니다.

여기서는 시간과 장소에 상관없이 쉽게 할 수 있는 '저항밴드 운동'을 소개하고자 합니다. 저항밴드 운동은 고무로 만든 밴드나 튜브를 이용하여 하는 운동을 말합니다. 간편하고 경제적이어서 안전하고 광

범위하게 응용할 수 있는 운동입니다. 운동에 사용하는 저항밴드는 그 종류와 운동 강도를 먼저 알고 사용할 수 있어야 합니다. 간단하게 표로 정리하면 다음과 같습니다.

밴드의 종류			밴드의 늘린 길이		
색상	강도		20cm	40cm	60cm
연주황	약함		0.5	0.7	0.9
노랑	약함		0.7	1.0	1.1
적색	보통	저항력(kg)	0.9	1.6	2.0
녹색	강함		1.1	1.9	2.3
청색	조금 강함		1.4	2.8	3.4
검정	아주 강함		1.8	3.4	4.1
은색	아주 강함		2.8	4.4	5.9

•

유연성을 길러 공부에서 오는 후유증 방지하기

무거운 가방을 어깨에 짊어지고 다니는 학생들은

척추나 무릎에 이상이 생겨서 생활하는 데 지장을 받는 경우가 있습니다. 그리고 책상에 한 자세로 오래 앉아 있어서 생기는 허리디스크 통증을 호소하는 학생도 주변에 있습니다. 이러한 부상이나 통증을 예방하기 위해서는 40~50분 공부하고 10분간 쉬는 것을 지켜주는 것이 기본입니다. 하지만 학습 강도가 높은 고등학생이나 운동량이 많은 학생 선수의 경우는 그럼에도 잦은 부상과 경미한 통증에 힘들어합니다. 이러한 학생들에게 알맞은 유연성 운동에는 정적 스트레칭, 동적 스트레칭, 요가 및 필라테스 등이 있습니다.

유연성 증대와 심신 안정에 도움이 되는 운동으로

취침 전 혹은 여가시간에 할 수 있는 요가를 추천합니다. 꾸준히 실천한다면 공부할 때 요구되는 집중력과 암기력에 많은 도움이 될 것입니다. 요가는 우선 기본적인 용어를 알아야 합니다. '아사나'는 호흡과 명상전 예비단계로 요가의 체위법을 의미합니다. '호흡'은 깊게 숨을 들이마시고 잠시 멈춘 후 천천히 숨을 끊어서 내쉬어야 합니다. 이러한 활동은 '명상'을 통해 효과를 높일 수 있습니다.

•

순발력을 높여 돌발상황에 대처하기

B는 활동적인 초등학교 6학년 남학생입니다. 어느날 B가 코피를 흘리면서 교실로 들어와 휴지를 찾았습니다. 담임선생님은 우선 급한 지혈을 하고, B를 안정시키고 나서 왜 코피가 났는지를 물어보았지요. 그랬더니 친구가 여는 화장실 문에 부딪쳤다고 했습니다. 이밖에도 B는 걷다가 물체나 사람과 충돌하는 경우가 많아서 보건실을 자주 들락날락했습니다. 이와 같은 학생들을

보아온 선생님은 고민하던 중에 '바운딩 운동'을 학생들에게 권유하게 되었습니다. 이 운동을 꾸준히 하고 나서는 학급에서 어이 없는 사고가 점차 줄어들게 되었습니다.

학교에서 갑자기 일어나는 사고에 대해 대처할 수 있는 능력을 어떻게 키워주어야 할지 많은 선생님들이 고민합니다. 그렇다고 무조건 조심하라고 말하는 것은 혈기가 왕성한 아이들에게 현실적으로 크게 도움이 되지 못합니다. 이러한 아이들이 위기 상황에서 빠른 판단과 행동을 할 수 있게 하기 위해서는 순발력을 키워주어야 합니다. 순발력을 향상시키기 위해서는 던지기, 높이뛰기, 멀리뛰기, 단거리 달리기 등 한정된 시간 내에 빠르고 정확하게 수행할 수 있는 능력을 꾸준히 연습해야 합니다. 이러한 다양한 활동은 뇌의 혈류량을 증가시켜 최적의 공부 상태를 유지할 수 있게 합니다.

심폐지구력을 키워 나의 학습 패턴에 활력 주기

C는 선척적으로 심장이 약한 초등학교 3학년 여학생입니다. 자라면서 힘든 일이나 운동을 해본 경험이 없어 기본 체력이 부족하고, 학교에서 하는 활동에도 그다지 흥미가 없었습니다. 그렇다 보니 모든 일에 무기력했고, 심지어 학습에 대한 의욕도 매우 낮은 편이었습니다.

담임선생님은 C가 할 수 있는 활동이 무엇일까 고민하다가, 체험학습에서 자전거 타기를 하며 노는 모습을 보고 자전거 타기를 적극적으로 활용하였습니다. 특별히 체육수업에 자전거 타기를 구성하여 자연스럽게 모든 학생들이 즐길 수 있는 분위기를 만들고 C에게 운동을 통한 즐거움을 알고, 적극적인 성격을 가질 수 있도록 하였습니다. 그렇게 한 학기가 지나자 C는 자전거 타기가 생활화되었고, 지금은 공부가 안 되거나 답답한 일이 있으면, 숨이 가빠질 때까지 자전거를 타고 야외로 나가곤 합니다.

선천적으로 심장이나 신장, 폐 등이 약한 아이들이 있습니다. 이러한 아이들을 지도하는 선생님은 학부모와 면담에서 많은 이야기를 나누게 됩니다. 대부분의 요구사항은 아이가 몸이 약하니 운동이나 활동에서 제외해달라는 내용입니다. 그렇지만 그렇게 한다고 해서 건강이 나아지는 경우는 극히 드뭅니다. 그래서 선생님들은 전문의 진단을 받고 운동처방을 받을 것을 권고합니다. 실제로 운동처방을 받고 좋아진 학생들에 대한 경험을 많은 선생님들이 공유하고 있습니다.

C의 경우, 심폐지구력을 향상시키는 운동을 실천해야 합니다. 심폐지구력에 좋은 운동으로는 걷기, 달리기, 자전거 타기, 수영, 줄넘기 등이 있습니다.

여기서는 운동장이나 공터, 그리고 야외에서 할 수 있는 자전거 타기를 소개합니다. 자전거 타기는 달리기나 걷기 운동을 대체하는 유산소 운동으로 일주일에 4~5회, 20~60분간 실시하는 것이 좋습니다. 자전거 타기에서는 본인의 체형에 맞는 자전거를 선택해야 합니다. 그리고 헬멧, 장갑 등의 안전장비를 구비하도록 하며, 자전거 전용 도로나 공원 등을 이용해야 합니다. 레저활동으로도 좋은 자전거 타기를 통해 스트레스를 해소하여 학습의 효과를 더 높일 수 있습니다.

•

협응성을 향상시켜 감정 조절 능력 키우기

학교에 다니는 학생들 대부분이 많은 스트레스로 인한 다양한 질병에 노출되어 있습니다. 부모는 수능 시험이 끝나면 다 해결되는 것으로 알고 있지만, 실제로는 학업 스트레스로 인해 건강과 감정이 모두 망가지는 사례가 많습니다. 상담에서도 '청소년 시기가 행복해야 청년 시기도 행복하다.'라는 말을 많이 합니다. 학생들에게 행복하냐고 물어보면 10명중 2명 정도만 "행복하다."라고 말합니다. 80%에 해당하는 우리의 자녀들은 불행 속에서 청소년 시기를 힘겹게 살아가고 있습니다.

이를 극복하려면 감각과 신체 부위를 함께 사용

하거나 두 개 이상의 신체 부위를 동시에 사용하면서 협응성을 향상시켜야 합니다. 이를 향상시키는 운동으로 '짐볼 운동'을 추천합니다. 짐볼 운동은 특히 특정 부위가 아픈 사람이 실시하면 아픈 부위의 움직임과 조절 능력이 향상됩니다. 또한 기구에 자신의 몸을 맡김으로써 무중력 상태에서 편안함을 체험할 수 있습니다.

다양한 운동은 뇌의 혈류량을 증가시켜 최적의 공부 상태를 유지할 수 있게 합니다.

A는 고등학교 2학년 여학생입니다. A는 아침을 먹지 않고, 편식이 심합니다. 점심도 쉬는 시간이 되면 매점에 가서 간단한 군것질로 때우고, 학교 급식은 거의 먹지 않습니다. 그래서인지, 수업 중에 이유 없이 코피를 흘리곤 합니다. 또 운동을 좋아하고 곧잘 하지만, 체력이 약해서 체육수업을 시작한 지 20분도 되지 않아 쉽게 지친 모습을 보입니다.

그런 A에게 보건 선생님은 아침을 꼭 먹고, 영양소가 듬뿍 든 음식을 섭취하라고 권하였습니다. 선생님 말대로 실천한 A는 3주가 지나면서 얼굴의 혈색도 좋아지고, 모든 수업 활동에 참여하는 데 힘들어하지 않게 되었습니다. 수업에 임하는 학습 태도도 좋아져 전체적으로 성적도 향상되었습니다.

B는 중학교 2학년 남학생입니다. 부모님이 모두 맞벌이를 하셔서, 거의 매일 피자나 햄버거와 같은 패스트푸드로 저녁식사를 대신합니다. 초등학교 때부터 식습관을 그렇게 들여서인지 또래의 친구들에 비해 몸이 매우 비대합니다. B는 비대한 몸 때문에 특히 발목 골절이 잦아서 깁스를 하거나 병원에 입원을 자주 했습니다.

B의 건강을 염려한 영양 선생님은 패스트푸드를 자제하고 집밥을 먹게 하도록 부모님과 상담하였습니다. 그리고 한 달 후, B의 체중이 3kg이나 줄었고, 얼굴이나 몸에 나던 여드름도 많이 줄어들었다고 합니다.

6. 균형 잡힌 영양 섭취가
필요하다

청소년들은 먹는 것을 소홀히 하거나 신경을 덜 쓰는 경우가 많습니다. 식단의 불균형과 영양소 결핍이 지속되면 신체뿐만 아니라 학교생활과 학습 태도에도 악영향을 줄 수 있습니다. 그렇다면 성장기 학생들에게 필요한 영양소에는 무엇이 있을까요?

우선 청소년의 영양소 섭취 기준에 따른 적절한 식사 칼로리와 식품을 알아보겠습니다. 연령별 영양소 섭취 기준을 살펴보면 남학생이 여학생에 비해 칼로리 요구량이 200~700kcal 정도 높은 것을 알 수 있

연령	남자	여자	남자	여자
01~02세	1,000kcal	1,000kcal	1,000 Ⓐ	1,000 Ⓐ
03~05세	1,400kcal	1,400kcal	1,400 Ⓐ	1,400 Ⓐ
06~08세	1,700kcal	1,500kcal	1,900 Ⓐ	1,700 Ⓐ
09~11세	2,100kcal	1,800kcal		
12~14세	2,500kcal	2,000kcal	2,600 Ⓐ	2,000 Ⓐ
15~18세	2,700kcal	2,000kcal		

청소년 영양 섭취 기준

패턴 Ⓐ 우유 유제품 2회가 포함 권장식사 식품군 구성

	곡류	고기·생선 달걀·콩류	채소류	과일류	우유·유제품	유지·당류
1,000kcal	1	1.5	4	1	2	3
1,100kcal	1.5	1.5	4	1	2	3
1,200kcal	1.5	2	5	1	2	3
1,300kcal	1.5	2	6	1	2	4
1,400kcal	2	2	6	1	2 여학생	4
1,500kcal	2	2.5	6	1	2	5
1,600kcal	2.5	2.5	6	1	2	5
1,700kcal	2.5	3	6	1	2	5
1,800kcal	3	3	6	1	2	5
1,900kcal	3	3.5	6	1	2	6
2,000kcal	3	3.5	7	2	2	6
2,100kcal	3	4	7	2	2	6
2,200kcal	3.5	4	8	2	2	6
2,300kcal	3.5	5	8	2	2	6
2,400kcal	3.5	5	8	3	2	6
2,500kcal	3.5	5.5	8	3	2	7
2,600kcal	3.5	5.5	8	4	2	8
2,700kcal	4	5.5	8	4	2	8
2,800kcal	4	6	8	4	2 남학생	8

〈한국인 영양소 섭취 기준 워크북 자료(2016)〉, 한국건강증진개발원

습니다. 또한 여학생과 남학생의 권장식사 식품군 구성에서 가장 기본은 우유·유제품으로 2회 공통으로 포함되어 있습니다.

〈청소년에게 적절한 식사 칼로리와 식품〉

❶ 일단 2,500kcal를 넘어서지 않는 선에서 파란색 틀 안의 식품군을 선택합니다.

❷ 자신에게 맞는 식품군 중에서 기호에 맞추어 고릅니다.

❸ 1끼의 식사를 기준으로 10점. 하루 총 3끼를 먹는다고 가정하면 총 점수 30점을 기준으로 합니다.

❹ 곡류 3.5, 고기류 5, 채소류 8, 과일류 3, 우유류 2, 유지류 6의 비율로 3끼의 식사를 해야 합니다.

❺ 아침에 유지류의 음식을 5 정도의 비율로 많이 섭취하였다면 점심과 저녁의 비율은 1로 섭취하여 총 6의 비율을 넘지 말아야 합니다.

이처럼 자녀에게 맞는 식단을 짜는 데 중요한 것은 하루 식사의 전체 비율이 동일해야 한다는 점입니다. 규칙적이면서, 일정한 영양소 섭취가 학습에 필요한 체력을 키우고 최적의 신체적·정신적 건강 상태를 유지할 수 있도록 해줍니다.

패스트푸드는 그만!

학생들에게 좋은 음식을 권하고 패스트푸드와 같은 인스턴트 음식의 비율을 낮춰야 합니다. 그렇다면, 학생들의 건강을 지켜주기 위한 건강식품에는 무엇이 있을까요? 한국건강관리협회에서 소개한 타임지 선정 10대 건강식품을 꾸준히 섭취한다면 건강뿐 아니라 공부를 하기 위한 체력도 증강할 수 있습니다.

균형 잡힌 식사를 위한 영양 밸런스는 탄수화물:지방:단백질, 4:1:1의 비율입니다. 청소년기에는 시험 공부가 주는 스트레스 때문에 식욕이 없는 날도 많고, 비만을 의식해 무리하게 다이어트를 하는 등 영양 섭취에 여러 문제점이 발생합니다. 이럴 때 부모는 학생들의 학습에 도움이 되는 식단을 참고하여 식사를 챙겨주면 좋습니다.

❶ 마늘(암 예방)

하루 반쪽 꾸준한 마늘 섭취는
암을 50%까지 예방합니다.

❷ 감(시력 보호)

비타민A가 시력을 보호하고
야맹증을 예방합니다.

❸ 보리(정력 증강)

최고의 자연식 강장제 보리는
말초신경기능을 증진합니다.

❹ 호두(노화 억제)

하루 한 알의 호두는 노화 방지와
무병장수의 비결입니다.

❺ 토마토(당뇨병 예방)
토마토의 풍부한 식이섬유가
급격한 혈압 상승을 막아줍니다.

❻ 계란(두뇌 개발)
노른자에 포함된 레시틴은 기억력을
좋게 하고 치매를 예방합니다.

❼ 부추(활성산소 해독)
베타카로틴이 노화의 원인인
활성산소의 생성을 억제합니다.

❽ 버섯(다이어트)
칼로리는 낮고 포만감을 높이는
식이섬유가 풍부합니다.

❾ 고등어(심장병 예방)
불포화지방산이 혈액을 청정하게 하여
혈액 순환을 원활하게 합니다.

❿ 풋고추(면역 강화)
비타민C가 바이러스에 대한
저항력을 강화합니다.

면역력은 내가 책임진다

C는 초등학교 5학년인 남학생입니다. 환절기만 되면 감기와 피부병으로 결석과 조퇴가 많아 공부를 따라가는 데 고생이 많았습니다. 그래서 부모님은 면역력에 좋은 음식인 버섯과 등푸른 생선을 자주 먹도록 C에게 권했습니다. 꾸준하게 식단을 조절하면서 1학기를 보내고 가을이 왔습니다. 작년과는 다르게 혈색이 매우 좋아진 C는 이제 피부병이나 감기로 인한 결석을 거의 하지 않았습니다.

면역력을 증강하는 5가지 식품에는 버섯, 브로콜리, 단호박, 등푸른 생선, 녹차가 있습니다. 버섯에는 '베타글루칸'이라는 성분이 풍부하게 함유되어 있는데, 이 베타글루칸은 바이러스나 병원체가 침투했을 때 이를 잡아먹는 대식세포를 활성화하여 면역력을 높여줍니다. 버섯에 들어 있는 식이섬유 역시 장을 활성화하여 면역력을 높입니다. 표고버섯에 들어 있는

'렌티난' 성분도 천연 방어 물질을 만들어 바이러스에 대한 저항력을 키워줍니다. 차가운 음식은 몸에 그다지 좋지 않은데, 버섯은 몸을 차게 하는 음식이라서 버섯전골처럼 따뜻하게 먹는 것이 좋습니다.

브로콜리는 단백질과 철분이 풍부하고, 비타민A와 비타민C, 여기에 칼슘까지 많이 들어 있습니다. 면역 반응에 없어서는 안 되는 항산화제 비타민E도 다량 함유돼 있고, 면역력 증진에 좋다는 카로티노이드와 비타민B까지 들어 있습니다. 브로콜리를 좋아하지 않는 학생에게는 브로콜리만 먹으라고 하기보다는 다져서 볶음밥, 카레, 계란찜 등에 넣어 먹으면 훨씬 맛있게 먹을 수 있습니다.

단호박에는 비타민C와 베타카로틴이 풍부하게 들어 있습니다. 베타카로틴은 체내에 흡수되면 비타민A로 전환되어 면역력을 강화합니다. 베타카로틴은 지용성비타민이기 때문에 기름에 살짝 튀겨 먹으면 흡수가 더 잘 됩니다. 또한, 단호박 카레를 만들면 면역력에 더더욱 좋습니다. 카레의 주성분인 강황에 있는 커민은 몸의 염증을 완화하는 세포들을 활성화하여 면역력을 높여주기 때문입니다. 단호박의 씨를 제거하고 깍두기 모양으로 썰어서 다른 채소와 함께 카레를 만들면 훨씬 맛있습니다.

등푸른 생선에는 단백질, 비타민B, 그리고 오메가-3가 풍부하게 들어 있어서 특히 성장기 아이들의 면역력을 높이는 데 좋습니다. 무엇보다도 두뇌 발달에 도움이 됩니다. 일반적으로 등푸른 생선은 찜, 조림, 구이로 조리하는 것이 맛있습니다. 등 쪽부터 배쪽까지 서서히 한 번에 구우면 등푸른 생선의 '푸른 등'까지 골고루 먹을 수 있습니다. 또 고등어처럼 지방이 많은 생선은 기름을 두르기보다는 그 자체에서 나오는 기름으로 구워야 더 맛있습니다.

녹차의 주요 성분인 카테킨은 닿는 즉시 바이러스를 파괴하는 항바이러스 작용을 하며, 이미 독감 바이러스에 감염되었을 경우에도 증상을 완화시킵니다. 식사 후 간단한 녹차 한 잔이 면역력과 심신 안정에 큰 도움이 될 것입니다.

•

수능 브레인 푸드로 집중력을 높이자!

　　D는 20살 재수생 남학생입니다. 평소 성적에 비해 수능에서 좋은 점수를 얻지 못해서 재수를 하게 되었습니다. 그런데 재수하는 동안에 시험에 대한 트라우마가 생겼는지, 시험 시간만 되면 머리가 어지럽고 집중이 잘 안 되었습니다. 그러다가 책에서 호두가 공부하는 학생에게 좋은 식품이라는 글을 읽고 나서, 하루에 호두를 2개씩 먹기 시작했습니다. 그러자 보름이 지나면서부터 증세가 많이 나아져서 지금은 공부에 대한 부담감 없이 열심히 공부하고 있다고 합니다.

　　호두는 대표적인 뇌 건강식품으로 오메가-3 지방산과 리놀렌산이 풍부합니다. 이 성분은 두뇌기능을 활성화해 기억력과 집중력을 향상시켜 줍니다. 이는 D처럼 매일 꾸준히 호두를 먹어야 효과가 있습니다. 학생들에게 평소에 호두를 활용한 요리를 해준다면, 공부에 도움이 될 것입니다.

나만의 메뉴를 만들어라!

E는 채식을 하는 중3 남학생입니다. 어려서부터 부모님의 영향을 받아서 고기는 전혀 먹지 않았습니다. 그래서 학교 급식에서도 반찬을 구별해 먹습니다. 그런 E의 건강 상태는 의외로 튼튼한 편입니다. 영양 선생님은 그런 E와 음식에 대한 이야기를 나누면서 꾸준히 먹는 음식 몇 가지를 알게 되었습니다. 그것은 총 5가지로 고구마, 아몬드, 버섯, 단호박, 호두였습니다.

앞의 예에서 E가 꾸준히 먹는 음식은 면역력을 높이는 음식입니다. 그 외에도 수험생이라면 꼭 먹어야 할 7가지 음식이 있습니다. 고구마, 복숭아, 아몬드와 같은 식물성 식품과 연어, 계란, 농어, 닭고기와 같은 동물성 식품을 자신의 기호에 맞게 꾸준히 먹어야 합니다.

식물성 식품인 고구마에는 낙관적인 생각을 증진시키는 영양소인 카로티노이드와 섬유질이 풍부하게 들어 있습니다. 풍부한 섬유소는 변비, 비만 예방에 좋고 혈중 콜레스테롤을 낮춰주는 역할을 합니다.

여름 제철 과일인 복숭아는 더운 여름 땀을 많이 흘린 사람에게 칼륨과 수분, 당분을 보충해 두뇌 활동의 회복을 돕습니다. 또한 펙틴과 폴리페놀의 함량이 높아 더위에 대한 내성을 기를 수 있으며, 유기산이 풍부해 피로 회복에도 매우 좋습니다.

과자처럼 씹히는 아몬드는 기억력 향상에 좋은 비타민E를 포함하고 있고, 섬유소가 많아 소화에도 좋으며, 셀레늄은 기분을 좋아지게 합니다. 칼로리가 높기 때문에 많이 섭취하는 것보다 하루에 20~23알 정도로 일정량을 섭취하는 것이 좋습니다.

동물성 식품인 연어는 비타민이 풍부한 생선입니다. 특히 비타민B는 성장과 소화를 촉진하고 위장장애를 완화해주며, 혈액 순환을 원활하게 해주는 효과가 있습니다. 또한 두뇌에 좋은 DHA, 오메가-3가 풍부합니다.

집집 냉장고마다 꼭 있는 계란은 수험생에게 딱 알맞은 식품입니다. 계란에 있는 레시틴과 콜린 성분은 떨어진 입맛을 끌어올려 줍니다. 또한 뇌의 신경전달물질인 아세틸콜린의 생성과 산소 공급을 원활히 해 주의력과 집중력 강화에 도움을 줍니다. 노른자에 있는 비타민D 칼시페롤은 청소년의 뼈 성장에도 도움을 주며, 루테인은 시력 감퇴를 저지하는 효능이 있어 수험생에게 특히 좋습니다.

옛말에 '7월 농어는 바라보기만 해도 약이 된다.'라는 말이 있습니다. 그 정도로 여름 농어는 다른 생선보다 단백질 함량이 높아 대표적인 여름 보양식으로 손꼽힙니다. 비타민, 칼슘, 인, 철분 등이 풍부해 원기회복에 좋으며, 특히 비타민A, D가 풍부하고 각종 필수아미노산이 많아 기억력 회복에도 좋습니다.

대표적인 보양식으로 꼽히는 삼계탕의 재료인 닭고기는 다른 육류에 비해 두뇌 성장을 돕는 단백질이 풍부합니다. 특히 섬유질이 가늘고 연해 소화 흡수가 잘 됩니다. 또한 필수아미노산이 많아 빠른 기력 회복에 좋고, 닭발에 많은 콜라겐 성분은 피부미용뿐만 아니라 DHA, EPA를 많이 함유하고 있어 두뇌 발달 촉진에도 좋습니다.

Part **5**

건강이
성적을 올린다

1. 건강이
곧 학습이다

　학생들은 모델과 아이돌처럼 늘씬한 몸짱이 되고
싶어 합니다. 진정한 몸짱이 되기 위해서는 꾸준한 운
동과 함께 몸에 좋은 영양소를 골고루 섭취해야 합니
다. 또한 공부에서 오는 정신적 스트레스를 풀 수 있도
록 충분한 휴식과 수면을 취해야 합니다.

　'2017년 서울대학교 학생부 평가 기준표'의 교과
영역과 인성영역의 평가 기준을 살펴보겠습니다.

　교과영역 '1-1. 전체 교과성적이 탁월한가?'와 '3-3.
예체능교과에서 학생의 특성을 엿볼 수 있는 기록이

2017년 서울대학교 학생부 평가 기준표(교과영역, 인성영역)

영역	내용평가 기준
교과 영역	1-1. 전체 교과성적이 탁월한가? 1-2. 특정교과목(전공관련교과목)에서 우수한 성적이 유지되는가? 1-3. 지원학과와 관련된 교과성적은 최고를 유지하거나 　　 꾸준한 상승을 보이는가? 2-1. 6학기 동안의 심적변화 추이가 꾸준한가? 2-2. 교과목의 학기별 심적변화에 이상이 있을 경우, 　　 그 이유가 설명되어 있는가? 3-1. 우수한 교과목과 관련된 수상경력이 　　 매년 꾸준히 존재하는가? 3-2. 경시대회 이외의 교과 관련 수상내역으로 　　 추가로 우수성을 입증할 수 있는가? 3-3. 예체능교과에서 학생의 특성을 엿볼 수 있는 　　 기록이 있는가?

있는가?'에서 알 수 있듯이 학생들의 신체적 능력을 중요시한다는 것을 주목해야 합니다. 더불어 인성영역의 내용평가 기준을 살펴보면, '리더로서의 능력, 협동심, 관계성, 해결능력, 공동체의식' 등에 대해 학생부에 잘 표현되어 있는가를 평가사항으로 정하고 있습니다.

이렇게 다양한 인성적 요소를 함양하고 표현하기 위해서는 학교에서 이루어지는 다양한 활동 중에서도 체육이 가장 적합하다고 할 수 있습니다. 하루빨리 다양한 인성을 함양할 수 있게 해주는 그릇인 건강의 소중함을 깨닫고 체육활동에 시간을 투자해야 할 것입니다.

진정한 몸짱이 되기 위해서는
꾸준한 운동과 함께
몸에 좋은 영양소를
골고루 섭취해야 합니다.

2. 운동이
성적을 올린다

운동으로 성적을 올릴 수 있냐고 누가 묻는다면, "예."라고 자신있게 대답할 수 있습니다.

운동을 하면 신체 활동량이 증가하면서 두 가지 현상이 나타납니다. 신체 혈류량이 증가하고 신경세포를 생성하는 단백질 형성이 촉진됩니다. 즉, 뇌 속의 해마라는 부분에서 뇌의 성장 촉진제 역할을 하는 단백질BDNF이 생성됩니다. 이는 뇌를 활성화시켜 공부하기에 적합한 상태가 되도록 해줍니다. 이 밖에도 운동을 하면 공부에 필요한 집중력, 긍정적 태도, 인

내심과 자제력 등을 높이는 데 도움이 되는 세로토닌, 도파민, 노르에피네프린의 생성이 자극됩니다. 그런 까닭에 일부 학교에서는 체육수업 후에 일부러 수학이나 과학처럼 머리를 많이 쓰는 과목을 배치해 교육하고 있습니다. 이러한 교육방법을 가정에서도 적용해 수학이나 과학 공부를 하기 전에 운동장이나 공터에 나가 운동을 해보면 어떨까요.

이러한 운동법에 대한 재미있는 연구가 있어 소개합니다. 미국 하버드대학교 의과대학의 브루스 스피글먼 박사 등 연구진은 조깅이나 워킹처럼 장시간 계속하는 유산소 운동이 뇌 내의 '머리가 좋아지는 호르몬'을 증가시킨다는 것을 알게 되었습니다. 지구력 강화 운동 중에 뇌 내에서 생산되는 신경 보호 효과를 갖는 '이리신irisin'이라는 분자가, 이 효과의 중요한 담당자인 것을 밝혀냈습니다. 뇌세포를 보호하고 지적 능력을 향상시키는 것으로 생각되는 특정 단백질을, 이리신이 증가시킨다는 연구 결과가 의학 전문 저널인 〈셀 메타볼리즘Cell Metabolism〉 온라인에 발표되었습니다.

또한, 2009년 캐나다의 시티파크고등학교에서 운동과 학습의 관계에 대한 실험을 하였습니다. 수업 전 20분간 러닝머신과 자전거 타기를 하고 그로부터 5개월 후에 학생의 독해력, 작문, 수학 점수가 상승했다는 연구 결과를 얻었습니다. 더욱더 놀라운 것은 이 학교가 학생의 1/2 이상이 주의력결핍 과잉행동장애를 가지고 있는 대안학교라는 점이죠.

과거의 대한민국 교육은 '지덕체(智德體)'였으나 앞으로의 대한민국의 교육은 '체덕지(體德智)'가 되어야 합니다. 과거 존 로크가 말한 '건강한 신체에 건강한 정신이 깃든다.'라는 이야기가 올림픽 구호로 채택되었듯이, 지금의 교육도 나아갈 방향을 재정비해야 합니다.

3. 자녀의 건강과
학업을 위한 부모 10계명

2013년 세계건강기구에서 발표한 '건강을 위한 신체활동 국제지침'에서는, 청소년들의 신체활동 참여를 통한 건강상의 혜택을 다양한 과학적 근거를 통해 제시하고 있습니다.

먼저 청소년들이 운동을 해서 얻게 되는 신체적 건강상의 이득은 다음과 같습니다. 신체활동 참여는 심혈관계 질환 발생 위험을 낮출 수 있으며, 심폐능력을 향상시켜, 콜레스테롤 수치를 낮추고 혈중지질을 변화시킵니다. 혈압을 정상 수준으로 유지해주고 과체중 및 비만 예방에 효과적일뿐 아니라 대사증후군 발생률도 낮추어줍니다. 그리고 운동은 청소년의 뼈 건강에 도움이 되고, 근육을 발달시켜주며 골밀도를 높여주고 뼈 주변에 있는 연골 및 근육이 발달하게 되어 부상의 위험도 줄여줍니다. 또한 근육량이 늘어남으로써 기초대사량이 높아져 쉽게 체중이 늘어나는 것을 예방할 수 있습니다.

청소년들의 꾸준한 운동은 정신적 건강에도 도움이 됩니다. 우리가 운동을 하게 되면 우울한 기분을 줄여주는 엔도르핀이 생성돼 학업으로 인해 발생하는 스트레스를 해소하는 데 효과적입니다. 그리고 학생들은 공부하는 시간 외에는 컴퓨터 또는 스마트폰 게임, 텔레비전 시청 등으로 시간을 허비하는 경우가 많은데 부모가 함께 운동을 하면 이러한 시간들을 줄여줄 수 있고 자녀들의 게임중독, 인터넷중독을 예방하는 데 도움이 될 수 있습니다.

청소년들의 운동에 따른 효과 연구들을 종합해보면, 신체활동량이 늘어날수록 건강상의 이익이 커지는 용량-반응 관계가 있는 것으로 나타납니다. 그

〈자녀의 건강과 학업을 위한 부모 10계명〉

❶ 자녀가 규칙적인 생활을 할 수 있도록 기상·취침시간 정하기

❷ 가까운 거리에 있는 곳은 자동차보다는 자전거 타기나 걷게 하기

❸ '50분간 공부, 10분간 가벼운 스트레칭'이라는 규칙적인 공부 습관 길러주기

❹ 균형 잡힌 영양을 위한 식단 구성과 아침 식사 챙겨주기

❺ 어릴 때부터 1자녀 1운동으로 취미 만들어주기

❻ 텔레비전이나 컴퓨터 이용하는 시간 정하고 지키게 하기

❼ 주중 및 주말에 자녀와 함께 운동하기

❽ 빨래, 청소, 설거지 등 가정에서 할 수 있는 가사활동에 참여시키기

❾ 실내보다는 실외에서 활동하도록 격려하기

❿ 자녀가 스스로 운동 계획을 세우게 도와주고, 일별, 주별 또는 월별로 계획에 대해 평가하고 적절한 보상해주기

리고 청소년기에 운동을 가능한 한 매일 실시하고 높은 강도(중강도 이상)를 유지하는 것은 성인 및 노인이 되었을 때 심혈관계 및 대사 관련 질환으로 인한 사망 가능성을 줄여준다고 볼 수 있습니다. 또한 세계건강기구는 일주일에 2~3회 정도의 근력운동을

하는 것을 권장하고 있으며, 권장 수준 이상으로 운동을 하고 있는 청소년들은 일회성이 아닌 지속적으로 운동하는 것이 매우 중요하다고 말하고 있습니다.

우리의 소중한 자녀들이 청소년 시기에 건강의 소중함을 깨닫는 것은 매우 중요합니다. 이는 일생동안 꾸준히 운동을 하여 건강한 신체와 건강한 정신을 토대로 건강한 삶을 누리는 바탕이 될 것입니다.